Pratos Saborosos e Econômicos

CIP – BRASIL. CATALOGAÇÃO NA PUBLICAÇÃO
BIBLIOTECÁRIA RESPONSÁVEL:
Eliane Maria S. Gonçalves CRB-10/796

B395p Becker, Marilene
Pratos saborosos e econômicos / Marilene Becker.
– 2.ª ed. – Porto Alegre : Rígel, 1991.
126p.
ISBN 85-85186-37-2

I. Título.

CDU 641.55(083.12)

ÍNDICES PARA CATÁLOGO SISTEMÁTICO
Culinária : Receitas 641.55(083.12)
Receitas : Culinária 641.55(083.12)

Marilene Becker

PRATOS SABOROSOS E ECONÔMICOS

Direitos para a língua portuguesa e outras adquiridos pela
EDITORA RÍGEL
que se reserva a propriedade desta publicação

Rui Barbosa de Souza
Editor

Direitos desta edição cedidos exclusivamente à
EDITORA RÍGEL LTDA.
Rua Riachuelo, 904 — Caixa Postal 1825 — telex 520231
fone/fax (051)226-8668 — CEP 90010 PORTO ALEGRE, RS

capa: Isabel Carballo/G & C
revisão: Xavier Panke

apêndice sobre a cozinha internacional de
Salvador Obiol de Freitas

Impressão e acabamento:
Editora Gráfica Metrópole S.A.

IMPRESSO NO BRASIL
PRINTED IN BRAZIL

ISBN 85-85186-37-2

APRESENTAÇÃO

Entre os tropeços e sacudidas de nossa situação econômica, a gastronomia já é uma arte quase perdida. Pior que isso: o ritual de apreciar um bom prato adquiriu a conotação proibida das piores missas negras. Fatores como a má distribuição da renda e a progressiva separação entre as classes produziram uma realidade social que, no mínimo, tira o apetite de muita gente.

A alimentação, de um lado, torna-se mais uma das bandeiras da luta pela sobrevivência; de outro, constitui o prazer de uma elite entediada. Arroz-e-feijão ou caviar? Em alguma das pontas deste dilema encontra-se cada um de nós. Mas não é preciso resumir-se a isto. Sempre há, com criatividade e talento, modos de colorir nossa dieta e evitar que a crise nos desfira - literalmente - socos no estômago.

Devemos nos lembrar que as melhores fórmulas da culinária têm freqüentemente origem em situações adversas. A histórica escassez de carne do continente europeu, por exemplo, levou os cozinheiros de além-mar a buscar fontes de proteína tão inusitadas quanto o scargot, hoje mundialmente apreciado. O segredo está no preparo, no equilíbrio do tempero e, sobretudo, no bom gosto.

Esta obra traz uma seleção de pratos acessíveis e saborosos, do popular ao requintado. Inclusive no capítulo destinado à cozinha internacional, pode-se encontrar por todo o livro pratos tão econômicos quanto sofisticados. Em alguns casos, até sobras podem originar o cardápio mais elegante. Pratos salgados, receitas especiais, biscoitos, bolos, doces, coquetéis, temperos e conselhos, tudo está aqui. Basta pôr a mão na massa.

Bon appétit.

Os editores

SUMÁRIO

Dicas

DICAS DE CARNES

- **Para ver se a carne é de boa qualidade** – A carne de gado não deve apresentar quantidade excessiva de gorduras e aponevroses (se contiver, o açougueiro é obrigado a reduzir a uma quantidade mínima); deve, no entanto, conter uma quantidade mínima, que lhe conservará a umidade, o sabor e a maciez. A gordura deve ser firme e de coloração creme meio esbranquiçada. Se estiver muito amarela, a carne é velha. A carne deve ser firme e de um vermelho vivo.

- **Para a conservação da carne** – Não guarde a carne no papel em que veio embrulhada. Se tiver de guardá-la, lave-a e ponha na geladeira dentro de uma travessa. Se você comprou carne para toda a semana, ponha-a em saquinhos plásticos dentro do congelador, retirando-a na véspera do uso e colocando-a na geladeira.

- **Uma carne para cada receita** – Aba de filé: para refogar ou ensopar. Acém: para ensopados. Alcatre: para bifes e assados. Braço: também chamado de pá ou paleta, dá molhos saborosos. Capa de filé: para assados e refogados. Contrafilé: para bifes, grelhados e rosbifes. Coxão de dentro: para refogados, carne-de-panela. Coxão de fora: é mais duro; guisados e refogados. Filé de costela: refogados, carne-de-panela. Filé *mignon*: a parte mais macia, especial para bifes e *strogonoff*. Fraldinha: ensopados e churrascos. Lagarto: assados ao forno, carne-de-panela, carne recheada. Língua: assada, frita, ensopada com batatas ou ervilhas. Maminha de alcatre: bifes e assados. Patinho: guisados e refogados. Peito: para sopas. Pescoço: para sopas. Ponta de agulha: ensopados e sopas. Rabada: ensopados, pucheros. Para o tradicional churrasco, as carnes mais empregadas são: costela, aba de costela, alcatre, picanha, cupim (o "caroço" no pescoço do zebu), minguinha. Os rins, para guisar com batatas ou grelhar ao forno; o coração dá bons guisados; o fígado, excelentes bifes ricos em vitamina B12; com o bucho preparam-se apetitosas dobradinhas com batatas ou o famoso mocotó.

- **A temperatura adequada** – Para assados ao forno, se você quer uma carne mal passada, deve levar a carne ao forno alto (220 graus), que dá à parte externa uma coloração dourada, mas conserva o interior sumarento. Se gosta de carne bem passada, leve a assar em forno moderado (190 graus). De qualquer modo, ponha sempre a gordura para cima, pois, ao escorrer, ela regará a carne.

• **Para amaciar a carne** — Tempere a carne um dia antes com os temperos habituais, acrescentando uma colher de mamão verde ralado, deixando numa tigela ou bacia. Outro método é pingar na vinha d'alho três gotas de leite de mamão. Para fazer com que a carne-de-panela, tatu, lagarto, etc., fiquem bem macios, espete-os de todos os lados com uma porção de pregos novos e lavados, sem esquecer de retirá-los depois de pronto. Isto não só amaciará a carne, como a cozinhará em tempo menor.

DICAS DE PEIXE

• **Quando o peixe é novo** — O peixe fresco tem olhos brilhantes e saltados, córnea clara e lustrosa, guelras bem vermelhas. A carne é firme: se você a comprimir não fica a marca dos dedos. As escamas e nadadeiras aderem perfeitamente à pele. Os filés e postas apresentam coloração rosada e saudável, e a carne é firme. Se, ao comprar o peixe, você puder, coloque-o imediatamente num recipiente com água; se afundar, o peixe é fresco. Se boiar, está estragado.

• **Como limpar o peixe** — Corte as nadadeiras. Segure-o pela cauda com a mão esquerda e, com a direita, raspe as escamas com uma faca no sentido cauda-cabeça. Se for peixe sem escamas, corte as nadadeiras, corte a pele em toda a volta da cauda e, a partir daí, fazer outro talho no sentido do comprimento, sobre o espinhaço, até chegar à cabeça; aí, corte toda a pele ao redor da cabeça. Segure com uma mão e com a outra puxe a pele. Abra o ventre em toda a sua extensão, com cuidado para não romper o fel. Levante as güelras e corte próximo à cartilagem que fica em baixo. Lave em água corrente e esfregue bem com limão. Antes de temperá-lo, molhe-o com leite.

DICAS DE VERDURAS E LEGUMES

• **Vegetais crus** — Escolha-os firmes, de colorido brilhante. Não se deixe enganar pelo tamanho: quase sempre os menores possuem maiores qualidades nutritivas. Os vegetais folhosos como alface ou repolho devem ser desfolhados e lavados folha por folha.

• **Vegetais cozidos** — Ponha-os a cozinhar em água já fervente e com a panela tampada, colocando o sal só depois de alguns minutos. Se possível, cozinhe-os com a casca. Nunca ponha bicarbonato de sódio para apressar o cozimento, pois destrói as vitaminas. Descasque os chuchus debaixo de água corrente. Cozinhe o milho verde junto com algumas palhas e sem sal. Não tempere saladas em recipientes de cobre ou alumínio.

Temperos

- O que são
- Para que servem

Açafrão — Nome científico: *crocus sativus* - Tempero de aroma suave e delicado, que dá coloração amarela aos alimentos, muito usado em doces, bolos e pães. Também usado em peixes, risotos e frangos. Pães, bolos e biscoitos: 1 colher de chá na farinha. Peixes: 1/4 de colher (chá) por quilo. Frangos: 1/2 colher (sopa) por quilo.

Alcaravia ou **Kummel** — Nome científico: *carum curvi* - Semente curva e escura, semelhante ao cominho, mas de sabor bem diferente. Combina bem com queijos, pães pretos e biscoitos, sopas de batatas e repolho; carnes, saladas e chucrute. Pães e biscoitos: 1 colher (chá) na massa. Queijos para recheios de canapés: 1/8 colher de chá. Carne cozida: 1 colher (chá) por 1/2 quilo. Carne de porco assada: 1 colher (chá) por quilo, salpicada antes de levar ao forno. Sopas: 1/4 de colher (chá) no caldo quente. Chucrute ou salada: 1½ colher (sopa) para 4 porções individuais.

Alecrim — Nome científico: *rosmarinus officinalis.* Encontrado fresco ou seco; nas carnes, esfregue o alecrim seco sobre a superfície. Nas aves, esfregue por dentro e por fora. Ovos: 1 colher (chá) de alecrim fresco picado antes de bater as omeletes. Peixes: 1/4 colher (chá) de alecrim seco ou 4 folhas de alecrim fresco na água de cozimento. Legumes: média para 4 porções, 1/2 colher de alecrim seco ou 2 (chá) de alecrim fresco picado.

Alfavaca — Além de tempero, é uma planta ornamental de folhas suavemente belas e perfumadas. Excelente para temperar junto com manjerona e manjericão (aliás, essas três plantas pertencem à mesma família). Pode ser usada para recheio de aves, no cozimento de legumes, em peixes grelhados ou assados.

Anis-estrelado — Nome científico: *illicium verum.* Planta nativa do Egito, usada para dar gosto e aroma aos pães, salgadinhos, doces, licores e xaropes. É uma semente em forma de estrela que pode ser usada picada sobre pães e bolos. Reduzida a pó, dá sabor especial a biscoitos e frutas cozidas.

Canela — Nome científico: *cinamomum zeylanicum.* Encontrada em casca ou em pó. Muito usada em licores, doces, sobremesas, tortas, bolos, pães doces. Se você acrescentar 1/2 colher de chá de canela em pó à carne de porco, antes de assar, obterá um sabor especial (medida para 1kg de carne).

Cardamomo — Nome científico: *elletearia cardamomum.* É um grão diminuto que se encontra alojado no interior da semente. Tem várias indicações, podendo ser usado em pães,biscoitos, pãezinhos, maçã assada (em substituição à canela), salada de fruta e para enriquecer a sopa de ervilhas. Média para 4 porções: 1 colher (chá) de grãozinhos.

Caril — ou **curry** — Mistura de várias especiarias, indicada no preparo de ovos, carnes, peixes, legumes e molho branco. Para canapés: 1/2 colher (chá) de caril para 125g de queijo ou requeijão. Molho branco: acrescentar 1 colher (chá) ao molho. Carnes: 1 pitada por quilo.

Cebolinha verde — Nome científico: *allium cepa.* É um tempero que pode ser usado em qualquer prato — menos, é claro, em sobremesas. É usada inteira para dar sabor a caldos e sopas, ou picada para enriquecer os molhos. Nas maioneses, a parte verde é picada e polvilhada por cima. Acompanha qualquer vinha-d'alho e qualquer tipo de carne, na proporção de 1 colher (sopa) de cebolinha picada para 4 porções.

Coentro — Nome científico: *coriandrum sattivum.* Encontrado em grão e em pó. Tem aroma muito agradável. Para pães e pãezinhos: acrescentar à massa 1/4 de colher (chá) de coentro em pó. Para presuntos e assados de porco: esfregar a carne com um punhado de coentro em pó. Nos picles, é mais comum a utilização do coentro em grão.

Colorau — Quase não altera o sabor dos alimentos, mas dá-lhes uma coloração convidativa. É feito da semente do pimentão vermelho torrada e moída, mas, na maioria das vezes, é preparada a partir da planta brasileira chamada urucum (polpa). Serve para quase todos os pratos salgados, principalmente em molhos e carreteiros.

Cominho — Nome científico: *cuminum cyminum.* Por ser muito forte, deve ser usado com moderação. Muito usado em carnes, repolho, feijoadas e no tradicional carreteiro. É quase sempre encontrado em pó, devendo ser usado na média de 1/2 colher (chá) para 4 porções.

Cravo-da-Índia — Nome científico: *caryophillus aromaticus.* O cravo é um botão de flor que não desabrochou. Originário das Índias Ocidentais, é aromático e picante, devendo ser usado com moderação. Empregado principalmente em doces, schmiers, bebidas e, em quantidades diminutas, para aromatizar a carne.

Curcuma – Nome científico: *curcuma longa.* Raiz aromática da mesma família do gengibre, geralmente encontrada em pó no mercado. Muito usada em molhos, peixes e crustáceos. Peixes e crustáceos: 1/4 de colher de chá esfregado na carne, antes de preparar. Nos molhos, acrescentar a mesma quantidade.

Endro – Nome científico: *anethum graveolens.* É usado fresco ou sob a forma de sementes. Fresco, participa de quase todos os pratos, menos nas sobremesas. Suas folhas são parecidas com as da erva-doce. As folhas picadas são usadas em peixes, omeletes, frangos. A semente entra no cozimento da beterraba, couve-flor, repolho, molho branco e no preparo de saladas. Queijos: 2 colheres (chá) de endro picado. Peixes: salpicar com endro antes de assar, grelhar ou cozinhar. Ovos: salpicar antes de fazer a omelete. Frango assado: algumas folhas no fundo da assadeira, mais algumas sobre o frango. Molho branco: 1/2 colher (chá) de sementes. Salada: 1/4 de colher (chá) de sementes, antes de servir. Vegetais: 1 colher (chá) de sementes cozinham.

Erva-doce – Nome científico: *foeniculum vulgare.* É geralmente encontrada sob a forma de sementes secas. O chá tem propriedades terapêuticas. Largamente empregada no preparo de pães, bolos, doces e maçãs assadas. Pode, no entanto, ser usada no peixe, na proporção de 1/4 de colher de chá na água de cozimento ou molho.

Estragão – Nome científico: *artemisia dracunculus.* Aromático, de sabor forte e picante, este tempero de origem árabe é usado no preparo do suco de tomate, bem como para temperar carnes, peixes, saladas, molhos e vinhas-d'alhos. Geralmente obtido em pó. Peixe, carnes e aves: esfregar com estragão antes de levar ao forno. Molhos ou maionese: 1/2 colher de chá. Saladas e legumes: 1/4 de colher de chá. Vinha d'alhos: acrescentar uma colher de chá.

Gengibre – Nome científico: *zingiber officinalis.* Originário das regiões tropicais do Japão, África e Índia, tem variada utilização na cozinha, sendo usado em pães e biscoitos, bem como no molho de carne e aves. Para 4 porções de carne, usa-se, em média, 1/2 colher (chá) de gengibre em pó. Dele se faz também uma aguardente especial, muito semelhante à aguardente de cana, porém com sabor mais picante.

Hortelã – Nome científico: *mentha.* Pode ser obtida fresca nos supermercados, ou em folhas secas. Para rechear canapés, acrescente 1 colher (chá) de menta fresca picada a 125g de queijo. Para dar sabor e aroma aos chás, usam-se 2 folhas por bule. Para um peixe de tamanho médio, a base é 2 colheres (sopa) de hortelã fresca picada, ou usar um galho inteiro para enfeitar. Para fazer quibes e carne de carneiro, a hortelã é tempero obrigatório.

Louro — Nome científico: *laurus nobilis.* Muito difícil de encontrar em pó. Sua apresentação comercial é, quase sempre, em forma de folhas secas. Serve para sopas, peixes, carnes e saladas. Indispensável nas feijoadas e mocotós. Carne assada: colocar 2 folhas de louro no fundo da assadeira. Sopas: 1 folha de louro antes de cozinhar. Feijoada e mocotó, 3 a 4 folhas.

Macis — Nome científico: *myristica frangrans.* Este tempero vem da flor da noz-moscada. É muito forte, devendo ser usado em doses pequenas. Combina muito bem com o cravo, gengibre, pimenta-da-jamaica e canela. Muito usado em bolos e biscoitos, mas também em peixe assado, cozidos e suco de tomate. Pode ser obtido em pó. Bolos e biscoitos: 1/4 de colher (de chá) na massa. Peixe ao forno: 1/4 de colher de chá. Salada de legumes cozidos: uma pitada.

Manjericão — Nome científico: *ocimum basilicum.* Pode ser obtido fresco ou em folhas secas. Usado no preparo de peixes, crustáceos, carne de gado, porco, vitela, salada e legumes, casando-se perfeitamente com todos os pratos que empregam tomate. Peixes: 1/2 colher (chá) de folhas secas de manjericão junto com a manteiga usada para besuntar o peixe. Camarões: 1/4 de colher (chá) antes de cozinhar. Legumes ao forno: salpicar antes de assar. Média para 4 porções: 1/2 colher (chá) de manjericão seco ou 2 colheres (chá) de manjericão fresco picado.

Manjerona — Nome científico: *origanum majorana.* É um tempero perfumado e extremamente versátil, realçando o sabor e o perfume dos alimentos. Ovos (omeletes, suflês ou mexidos): 1/4 de colher (chá) de manjerona seca para 4 ovos. Os peixes, grelhados ou assados, devem ser salpicados com manjerona antes de ir ao forno, e as aves devem ser esfregadas por dentro e por fora. Quando for cozinhar legumes como cenouras, espinafre, abobrinha, etc., ponha, na água de cozimento, 1/2 colher (chá) para cada 4 porções, retirando ao servir.

Mostarda — Nome científico: *bassica sinapis.* Em grão ou em pó. Em grão, usada nas conservas de legumes, especialmente pepino. Em pó, nas saladas, molhos, recheios de peixe, carnes, aves e legumes, bem como na preparação de queijos. Ovos recheados: 1/4 de colher (chá) para 4 gemas. Peixes: 1/4 de colher (chá) antes de cozinhar. Carne: salpicar, substituindo a pimenta. Maionese: 1 pitada de pó.

Noz-moscada — Nome científico: *myristica fragrans.* Encontrada inteira e em pó. Usada em doces, leite com chocolate, carnes, legumes, frutas assadas e cozidas. A semente é um caroço e, para usá-la, deve ser ralada. Em bolos e biscoitos, geralmente se adiciona 1/2 colher (chá) à massa. Frutas assadas e cozidas: temperar levemente com noz-moscada em pó. Carnes em geral: temperar com uma pequena pitada (mais ou menos 1/8 de colher de chá) para cada quilo de carne, antes de cozinhar ou assar. Pudins: salpicar levemente com noz-moscada em pó antes de levar ao forno. Legumes: salpicar levemente antes de servir.

Orégano — Nome científico: *origanum vulgare.* As folhas secas são largamente empregadas no preparo de pizzas, mas seu uso vai bem mais longe. Peixe assado ou recheado: esfregar por dentro e por fora com 1/2 colher (chá) de orégano seco. Carnes assadas ou grelhadas e frangos: esfregar por dentro e por fora, antes de assar, com 2 colheres (chá) de folha secas. Saladas: 1/2 colher (chá) de orégano seco. Legumes: acrescentar na água de cozimento 1 colher (chá) para 4 porções de legumes.

Páprica — Nome científico: *capsicum anuum.* Feita com as sementes moídas e ressecadas do pimentão. Tem vários sabores, desde o doce ao picante, e alto valor nutritivo. Usada em ovos, legumes, frangos, salgadinhos e molhos em geral. Ovos mexidos: 1/2 colher (de chá) para 4 ovos, batendo junto. Frangos: esfregar, por dentro e por fora, com uma mistura de sal, o dobro de páprica e pimenta a gosto. Molhos: 2 colheres (chá). Legumes ao forno: cobrir com manteiga derretida e salpicar com páprica. Média para 4 porções: 2 colheres (chá) para tempero ameno, ou 4 colheres para tempero mais forte.

Pimenta branca — Em grão ou em pó. Embora venha da mesma planta da pimenta preta, não é tão picante. Muito usada em maioneses, peixes, molho branco, saladas. Os grãos são mais usados em conservas. Para 4 porções de alimento usa-se, em média, 1/2 colher (chá) de pimenta branca moída.

Pimenta-da-Jamaica — Ou pimenta síria. Nome científico: *Allspicis* ou *pimenta officinalis.* É uma semente aromática vinda das Índias Ocidentais, que pode ser usada em pó ou em grãos. Combina muito bem com as conservas de legumes, vinhas d'alhos e alguns patês, bem como com berinjelas, carnes e cenouras. Para 4 porções de carne, use 1/2 colher de chá.

Pimenta-do-reino — Ou pimenta preta. Vem moída ou em grão. Nome científico: *piper nigrum.* Participa de todos os pratos salgados, geralmente em pó, reservando-se o grão para conservas salgadas. Largamente usada em todos os preparos culinários, dispensa apresentação.

Pimenta vermelha — Ou pimenta calabresa. Nome científico: *capsicum.* Pode ser encontrada em pó ou em sementes. O nome de pimenta calabresa é devido ao seu sabor extremamente picante, devendo, por isto, ser usada com moderação. Muito indicada para dar sabor ao molho de tomates, devendo ser usada na proporção de 1/8 de colher de chá da pimenta em pó para 4 porções de molho.

Salsa — Nome científico: *petroselinum hortense.* É usada na maioria dos pratos salgados, para dar sabor e para decorar, casando perfeitamente com a cebolinha verde. Usam-se os galhos inteiros nas sopas, para dar sabor aos caldos, ou picados nos molhos e maioneses, em peixes fritos, legumes, vinhas-d'alhos e qualquer tipo de carne. Em canapés, misturada com o queijo; nas omeletes ou ovos mexidos, 1 colher (sopa) de salsa fresca picada.

Salsão verde — Nome científico: *apium graveolens.* Não serve para saladas, como a salsa. É usado como tempero para cozinhar caldos de carne ou galinha, e usado junto com a salsinha picada em receitas de frangos, e carnes. As folhas, bem picadinhas, dão excelente sabor ao arroz e ao carreteiro.

Sálvia — Nome científico: *salvia officinalis.* Encontrada em folha ou em pó. Tem múltiplas aplicações na cozinha. A carne assada, por exemplo, deve ser esfregada com sálvia, que é preferível ao louro nos cozidos, dando ainda sabor especial aos recheios para frango. Ajuda a conservar a carne. *Usos diferentes da sálvia* — Queijos: misture com ricota, requeijão ou queijo fundido para canapés, na proporção de 2 folhas secas para 125g de queijo. Nos peixes: coloque uma folha de sálvia dentro do peixe antes de assar. Bolos de carne: 1/4 de colher de chá de sálvia em pó. Carne assada: esfregue com folhas de sálvia fresca. Frangos: 1/2 colher (chá) de sálvia no recheio.

Segurelha — Nome científico: *satureia hortensis.* Planta aromática também conhecida como alfavaca-do-campo. Carnes: 1 colher (chá) para 1/2 quilo de carne. Dá gosto especial aos hamburgers. Recheio de frangos: 1/2 colher (chá) nos recheios. Frangos: 1 colher (chá) no recheio. Saladas: salpicar um pouco sobre as saladas de batata e/ou tomate. Para molhos, acrescentar 1/2 colher (chá).

Tomilho — Nome científico: *thymus vulgaris.* Encontrado seco. É uma erva muito perfumada, de origem européia, especial para canapés à base de queijo, carnes, molho de tomate para carnes e macarrão, maionese e legumes, bem como para dar sabor aos recheios para frango. Para rechear canapés, misturar 1/2 colher (chá) ao queijo. Peixe: salpicar a carne antes de preparar. Carnes: esfregá-las levemente com tomilho antes de assar. Para recheios de frango, acrescentar 1 colher de chá. Nos legumes, juntar 1/2 colher de chá à manteiga que será passada nos legumes ainda quentes. Nos molhos de tomate para massas ou carnes, adicionar 1/2 colher de chá. Nas maioneses, 1/4 de colher.

Zimbro — Nome científico: *juniperus communis.* É encontrado em grãos, no mercado. Usado, em combinação com outras especiarias, para fazer carne em conserva. Nas carnes assadas, fritas ou grelhadas, 4 grãos esmagados e misturados à carne neutralizam o excesso de gordura e dão um sabor especial. Em sopas e cozidos, deve-se colocar 2 a 3 grãos. Em qualquer caso, retirar os grãos antes de servir.

Pratos salgados

1. ABOBRINHAS RECHEADAS COM LINGÜIÇA

Ingredientes — 4 abobrinhas grandes, cortadas ao meio no sentido do comprimento - 350g de lingüiça verde - 100g de pão velho - 1 ovo - 1 colher (chá) de molho shoyu - 2 colheres (sopa) de salsa picada - 2 colheres (sopa) de óleo Merlin - 1 colher (sopa) de vinho branco seco - 1 pitada de pimenta-do-reino - Sal a gosto.

Modo de preparar — Corte as extremidades das abobrinhas, do lado do cabo, e retire a polpa, até que elas fiquem com a espessura aproximada de 1cm. Reserve a polpa retirada. Corte a lingüiça em pedaços bem pequenos. Numa tigela com água, amoleça o pão velho, esprema-o bem e coloque-o em outra tigela, juntando a lingüiça, a polpa reservada e o ovo. Tempere com sal, pimenta, molho shoyu e salsa bem misturados, salpicando as metades de abobrinhas com sal. Com um garfo, fure cuidadosamente a parte interna das abobrinhas, para o tempero pegar melhor. Recheie com a mistura de lingüiça e aperte ligeiramente. Numa forma refratária ligeiramente untada, ponha as abobrinhas recheadas, uma ao lado da outra, respingando ligeiramente com azeite. Leve-as ao forno alto por 20 minutos. Acrescente o vinho e deixe cozinhar mais 20 minutos.

2. ABOBRINHAS COSTA DO SOL

Ingredientes — 5 abobrinhas (suchetto) - 3 gemas - 1 colher (sopa) de manteiga derretida - 1/2 xícara de leite - 3 claras em neve - Queijo ralado - Farinha de rosca - Sal e pimenta a gosto.

Modo de preparar — Raspe ligeiramente as cascas das abobrinhas, parta em pedaços e refogue em óleo Merlin. Bata as gemas em separado, juntando a menteiga derretida, o leite, o sal, a pimenta e, por último, as claras em neve. Misture tudo com a abobrinha refogada. Arrume a mistura em forma untada com manteiga. Cubra com queijo ralado e polvilhe com farinha de rosca. Leve ao fogo brando por 20 a 25 minutos.

3. AIPIM AO CAVERÁ

Ingredientes — 1kg de aipim - 3 ovos - 300g de lingüiça fina - 1 copo de requeijão - 1 molho de tempero verde - 100g de azeitonas.

Modo de preparar — Cozinhe, numa panela com água e sal, o aipim até ficar macio. Ainda quente, tire o fio central e passe no espremedor. Junte as gemas e misture bem. Bata as claras em neve e, com uma espátula, adicione-as à mistura, mexendo cuidadosamente. Unte uma forma refratária e espalhe sobre o fundo a metade da massa. Frite a lingüiça em frigideira, pique-a e coloque sobre a massa na forma. Cubra com o requeijão e, depois, com o tempero verde picado. Feche o pastelão com o restante da massa de aipim, decore com azeitonas e leve a assar em forno quente por 20 minutos.

4. AIPIM FRITO

Ingredientes — 1kg de aipim - 2 tabletes de caldo de galinha - 1 colher (café) de manteiga - 1 colher (chá) de açúcar - óleo para fritura - sal.

Modo de preparar — Descasque o aipim e lave bem. Corte em pedaços grandes e lave novamente. Ferva 2 litros de água com os tabletes de caldo de galinha, a manteiga e o açúcar. Cozinhe o aipim até que fique macio, mas firme. Escorra. Torne a limpar o aipim, retirando a raiz central e o excesso de fibras. Corte em bastões não muito grandes, nem muito finos. Frite em óleo fervente e seque em papel absorvente. Polvilhe com um pouquinho de sal, antes de servir.

5. ALCACHOFRAS BAGÉ
Especial para regimes

Ingredientes — 1kg de alcachofras tenras - 1/4kg tomates picados - 4 dentes de alho picados - 1 colher (sopa) de queijo ralado para cada alcachofra - 1 molho de tempero verde picado - 1 pitada de orégano - Sal a gosto.

Modo de preparar — Corte as alcachofras pela metade e ponha-as deitadas numa forma de assar. Refogue o tomate, alho, tempero verde, orégano e sal, deixando cozinhar por 1 minuto. Despeje tudo por cima das alcachofras e polvilhe com o queijo ralado. Asse em fogo brando até que tudo fique macio. Sirva com molho de tomate.

6. ALMÔNDEGAS DE SOBRA DE CASCAS

Ingredientes — Os mesmos da Torta de Sobra de Cascas nº 1 (V. Receita nº 139) - 1 ovo - 1 copo de farinha de trigo - 1 copo de farinha de pão torrado - Queijo ralado - Sal a gosto - Molho de tomates.

Modo de preparar — Reunir todos os ingredientes na Torta nº 1, acrescentar o ovo batido, as farinhas e o queijo ralado. Misturar bem. Modelar as almôndegas. Cozinhar em água e sal durante 15 minutos. Retirar as almôndegas com uma escumadeira, arrumando-as em um pirex. Cobrir com molho e queijo ralado. Levar ao forno quente o tempo necessário para cozinhar. Servir quente.

7. ARROZ À ANTARES

Ingredientes — 1 xícara de arroz cru - 3 colheres (sopa) de margarina - 1/2 xícara de cebola - 1 dente de alho - 3 xícaras de caldo de galinha - 2 colheres (chá) de salsa picada - 2 colheres (chá) de tomilho seco - 2 colheres (sopa) de manjerona picada - 1/2 colher (chá) de sal.

Modo de preparar — Frite a cebola na margarina, junte o arroz e frite até dourar. Adicione o sal, o caldo de galinha quente, a salsinha, o tomilho e a manjerona. Cozinhe em fogo baixo, até que o arroz tenha absorvido toda a água.

8. ARROZ À FELIPE DOS SANTOS

Ingredientes — 1 caneca de arroz cru - 1 lata de ervilhas - 1 lata de milho verde (ou milho fresco cozido e desgranado) - 3 canecas de guisado - 3 colheres (sopa) de margarina - 1 caneca de beterraba cozida e cortada em cubos - 4 bananas cortadas em rodelas - Queijo ralado.

Modo de preparar — Prepare o arroz como de costume. Depois acrescente os outros ingredientes, usando um pouco do caldo das latas, mas reservando o guisado e as bananas. Prepare o guisado bem refogadinho, despeje-o sobre o arroz e cubra com as bananas picadas. Leve ao forno por 30 minutos aproximadamente. Depois de pronto, enfeite com folhas de alface. Polvilhe queijo ralado e tempero verde.

9. ARROZ AO FORNO KAZANTZAKI

Ingredientes — 2 tabletes de caldo de galinha - 2 canecas de arroz - 1/2 caneca de queijo ralado - 1 colher (sopa) de margarina derretida - 1/2 cebola - 2 tomates - 1 ovo - 1 cenoura - 3 galhos de tempero verde - Sal a gosto - 1 punhado de azeitonas - 3 ovos cozidos.

Modo de preparar — Ferva 1 litro de água e derreta nela os tabletes de caldo de galinha. Deixe ferver mais 5 minutos e retire do fogo. Em uma vasilha funda, coloque o arroz cru, o queijo ralado, a margarina derretida, cebola e tomates picados, o ovo bem batido e a cenoura em rodelinhas. Junte o caldo de galinha e misture bem. Coloque em pirex retangular e leve ao forno por 40 minutos. Quando estiver quase pronto, retire do forno, enfeite com azeitona e ovos cozidos e picados, e leve novamente ao forno para secar. Nesta receita podem ser aproveitadas sobras de carne, salsichas, milho verde, ervilhas, etc.

10. ARROZ COM MIÚDOS

Ingredientes — 5 colheres (sopa) de óleo Merlin - 2 xícaras de arroz cru - 4 xícaras de água - 3 tabletes de caldo de galinha - 1/2kg de miúdos de galinha - Suco de 1 limão - 4 colheres de temperal.

Modo de preparar — Frite o arroz em 2 colheres de óleo quente, junte a água, o temperal e os 2 tabletes de caldo de galinha, cozinhando por 20 minutos. Limpe os miúdos, corte-os ao meio, tempere-os com o suco de limão, fritando-os bem em 3 colheres de óleo. Misture ao arroz preparado e sirva, polvilhando com queijo ralado e salsa picada.

11. ARROZ À MODA TURCA

Ingredientes — 2½ canecas de arroz integral - 3 gemas - 1 colher (sopa) de margarina - Suco de 1 beterraba (passada no liquidificador com pouca água) - 1/4 de caneca de nata batida - 1/2 caneca de queijo ralado - 1 caneca de ervilhas frescas - Sal a gosto.

Modo de preparar — Cozinhe o arroz com água e sal, como costuma fazer. Separe-o em três partes iguais. Misture na primeira parte as 3 gemas cruas e a margarina. Tinja a segunda parte com o suco de beterraba. A terceira parte, tempere com a nata batida. Unte uma forma com margarina. Coloque o arroz em camadas, segundo as cores, separando cada camada com um punhado de ervilhas polvilhadas com queijo ralado, e leve a forma ao forno até dourar. Sirva quente.

12. ARROZ COM OVO

Ingredientes — 3 colheres (sopa) de óleo Merlin - 2 xícaras de arroz cru - 4 xícaras de água fervente - 2 tabletes de caldo de carne - 1 colher (sopa) de margarina - 3 ovos inteiros - 4 claras - Salsa picada.

Modo de preparar — Frite o arroz no óleo bem quente, junte a água e os dois tabletes de caldo, deixando cozinhar por 20 minutos. Em separado, leve ao fogo a margarina. Bata os ovos e as claras como para omelete e despeje sobre a margarina quente. Deixe coagular por 2 minutos e desmanche com o garfo, misturando os ovos e a salsa picada ao arroz, e mexendo com o garfo.

13. ASSADO À BRIGITTE BARDOT

Ingredientes — 3 xícaras de puré de batatas - 1 xícara de castanha-do-pará picadinha - 2 ovos batidos - 1½ xícara de castanhas moídas - Sal a gosto.

Modo de preparar — Misture a batata com a castanha e o sal, dando à massa, com a palma da mão, o formato de bifes. Depois, passe cada bife primeiro no ovo batido e, por último, na castanha moída. Ponha em forma untada e asse em forno moderado.

14. BACALHOADA À TRÁS-OS-MONTES

Ingredientes — 1 bacalhau - 1/2 kg de batata inglesa - 6 pimentões - 6 tomates - 2 cebolas - 2 dentes de alho - 1 folha de louro - sal, pimenta e orégano a gosto - 1 punhado de azeitonas - 4 colheres de temperal - 1/2 xícara de óleo Merlin.

Modo de preparar — Ponha o bacalhau de molho de um dia para o outro. Afervente e tire os espinhos. Corte as batatas em rodelas grossas, os tomates e as cebolas em fatias. Tempere com a pimenta, o orégano, o louro e o alho socado, e o temperil. Prove o sal. Unte a forma e arrume com uma camada de bacalhau, uma de pimentão picado, uma de batata, outra de cebola. Vá fazendo as camadas, até que os ingredientes terminem. A última camada deve ser de cebolas e tomates. Ponha tudo na forma untada, coloque as azeitonas por cima e regue com o azeite. Tampe a forma e asse em fogo brando, sacudindo de vez em quando, por 35 a 40 minutos.

15. BATATAS DESMOULINS

Ingredientes — 750g de batatas - 6 colheres (sopa) de farinha de trigo - 1 caneca de leite - 4 ovos - 1 colher (sopa) de margarina - 3 colheres (sopa) de queijo ralado - Sal a gosto - 1 gema - 1/2 kg de guisado pronto - 300g de queijo cortado em quadradinhos.

Modo de preparar — Cozinhe as batatas, esmague-as. Bata as claras em neve e as 4 gemas em separado. Junte às batatas as gemas, o leite, o sal, as claras em neve e a farinha de trigo. Misture tudo até formar uma massa. Despeje a massa em tabuleiro untado e alise. Cozinhe em forno médio. Tire do forno e despeje a massa em cima de um pano úmido. Recheie com o guisado pronto e com o queijo em quadradinhos. Enrole e pincele a massa com a gema. Polvilhe com queijo ralado e torne a levar ao fogo para dourar.

16. BATATAS À FROMAGE

Ingredientes — 1/2k de batata inglesa - 1/2 pacote de queijo ralado - 100g de manteiga - sal a gosto.

Modo de preparar — Descasque as batatas e corte-as em rodelas grossas. Unte a forma. Tempere as batatas com sal. Ponha uma camada de batata, uma camada de queijo e 1 colherinha de manteiga. Repita as camadas até terminarem as batatas, sendo que a última camada deve ser de queijo. Cubra tudo com um copo de água fria. Tampe a forma e asse em fogo brando por 35 a 40 minutos.

17. BATATAS ITAPOÃ

Ingredientes — 2 colheres (sopa) óleo Merlin - 1/4 de copo de pimentão picado - 1/4 de copo de salsão picado - 1 cebola picada - 3 colheres de temperal - 1 copo de tomate picado - 1 pitada de manjericão - 2 copos de glúten - sal a gosto.

Modo de preparar — Frite, numa frigideira grande, o pimentão, o salsão, a cebola e abafe por 5 minutos. Junte os tomates e o temperal e, depois, o manjericão. Cozinhe por 5 minutos mais. Por último adicione o glúten picado e ferva por mais 5 minutos. Este preparado deve ser servido sobre batatas assadas ou cozidas a vapor.

18. BATATAS À PARTISAN

Ingredientes — 1 colher (sopa) de manteiga derretida - 1/3 de copo de iogurte natural - 1/4 de colher (chá) de tomilho ou manjericão - 4 batatas inglesas assadas com casca - 1/2 copo de sementes de gergelim - sal a gosto.

Modo de preparar — Numa tigela pequena, junte a manteiga, o iogurte, o tomilho (ou manjericão) e o sal. Corte as batatas ao meio, no sentido do comprimento. Tire quase toda a polpa, deixando apenas uma pequena parte do miolo. Pincele a parte oca da batata com a mistura do iogurte, enchendo bem a cavidade. Espalhe as sementes de gergelim por cima, assando em forno moderado por 25 a 30 minutos. Quanto ao miolo da batata, reserve para fazer purê ou bolinhos, etc.

19. BATATAS AO PIMENTÃO

Ingredientes — 4 pimentões - 1/2kg de batatas - 2 colheres de temperal - 4 cebolas - 4 tomates - 1 pitada de pimenta do reino - 1 pitada de orégano - 1 folha de louro - sal a gosto.

Modo de preparar — Corte os pimentões em tiras e as batatas em fatias. As cebolas e tomates, também em fatias. Ponha uma camada de batatas na forma untada, depois despeje o resto por cima e unte com 1/4 de xícara de óleo Merlin. Tampe a forma e leve ao fogo baixo, sacudindo de quando em quando para não grudar.

20. BATATAS À RINCÃO DAS FLORES

Ingredientes — 2kg de batatas - *para o molho*: 500g de queijo branco - 200g de queijo roquefort - 1 cálice de conhaque Petronius - 1 pitada de pimenta-do-reino - sal a gosto.

Modo de preparar — Bata no liquidificador: os queijos e o conhaque, até obter uma substância homogênea. Tempere com sal e pimenta-do-reino a gosto e reserve. Lave as batatas, coloque-as numa panela, cubra com água e junte sal a gosto. Conte vinte minutos de cozimento a partir do instante em que a água começar a ferver. Escorra, ponha em travessa e sirva coberta com o creme de queijo e conhaque.

21. BATATINHAS À CALABRESA

Ingredientes — 1kg de batatinhas - 1 xícara (chá) de vinagre - 1/2 xícara (chá) de óleo - 2 folhas de louro - 1 pacotinho de pimenta calabresa - 1 dente de alho - 1 cebola média - 1 pimentinha malagueta - sal.

Modo de preparar — Lave as batatinhas em água corrente, utilizando uma escovinha para limpar bem as cascas. Cozinhe as batatinhas com casca, em água com sal, até que fiquem macias. Em um recipiente de vidro ou louça, misture o vinagre com o óleo e tempere com uma colher de café rasa de sal. Acrescente as folhas de louro, a pimenta calabresa, o alho picado, a cebola em rodelas finas e a malagueta esmagada. Mexa bem e misture com as batatinhas escorridas e ainda mornas. Deixe em local fresco por 1 hora para que o tempero entranhe.

22. BERINJELAS À ALICHE

Ingredientes — 6 berinjelas - 3 tomates - 1 molho de salsa - 2 dentes de alho - 1 cebola grande - 100g de azeitonas - 6 aliches (se não encontrar, pode ser 6 sardinhas) - 1 folha de louro picado - sal, pimenta e orégano a gosto - 1/3 xícara de óleo Merlin.

Modo de preparar — Corte as berinjelas ao meio, no sentido do comprimento, e faça talhos profundos na parte da polpa, mas sem chegar a perfurá-las. Ponha de molho numa tigela com água e sal, para tirar o amargo, durante 1/2 hora. Depois, lave em água corrente e seque. Em separado, pique os tomates, a salsa, o alho, a cebola, as azeitonas e os aliches (ou sardinhas). Tempere com sal, pimenta, orégano, louro. Depois de tudo picado e misturado, recheie as berinjelas com a mistura, arrumando-a dentro dos talhos, e o que sobrar, arrumando por cima. Arrume as berinjelas dentro da forma untada, umas junto das outras, e regue com o azeite. Tampe a forma e asse em fogo brando por 20 a 22 minutos.

23. BERINJELAS RECHEADAS
Especial para regimes

Ingredientes — 2 berinjelas grandes cortadas ao meio no sentido do comprimento - Suco de 1 limão - Sal a gosto - *Para o recheio:* 1 cebola picada - 1 dente de alho picado - 1 colher (sopa) de óleo Merlin - 70g de guisado - 30g de proteína de soja texturizada - 2 colheres (sopa) de salsa picada - 1 colher (sopa) de farinha de pão torrado - 1 gema - 2 colheres (sopa) de queijo ralado - 1 pitada de pimenta-do-reino - 1 pitada de orégano - 1 colher (sopa) de vinho branco - sal a gosto.

Modo de preparar — Retire, com uma colher, a polpa das metades de berinjelas, deixando-as com uma espessura de mais ou menos 1 cm. Salpique com sal e vire-as sobre um papel absorvente. Com um garfo, faça furos na parte interna das berinjelas. Pique a polpa retirada e respingue com um pouco de sumo de limão. Reserve. Para o recheio, aqueça o óleo numa frigideira, junte a cebola, o alho, a polpa das berinjelas reservadas, e frite até dourar. Deixe esfriar e reserve. Numa tigela, misture bem a carne moída, a proteína de soja, a salsa, a mistura da cebola, a farinha de pão torrado e a gema. Junte o queijo e mexa bem. Tempere com o sal, a pimenta e o orégano. Espalhe o recheio nas metades de berinjela. Unte levemente uma forma refratária e coloque as berinjelas uma ao lado da outra, respingando com óleo e vinho. Aqueça o forno a alta temperatura e asse por uns 60 minutos. Se necessário, pode acrescentar mais vinho, para não queimar. Sirva na própria forma. Acompanhamento: arroz integral, salada de agrião.

24. BETERRABAS À IRELAND

Ingredientes — 2 xícaras de beterrabas descascadas e picadas - 2 colheres (sopa) de margarina - 1/4 de xícara de farinha de trigo - 3/4 de xícara de leite - 1/4 de colher (chá) de canela em pó - 3 ovos ligeiramente batidos - sal a gosto.

Modo de preparar — Pré-aqueça o forno em temperatura moderada. Numa panela em fogo brando, derreta a margarina, juntando a farinha e mexendo sempre. Acrescente aos poucos o leite, depois o sal, a canela e a beterraba. Quando estiver mais ou menos cozida, retire do fogo e junte os ovos ligeiramente batidos, sem parar de mexer. Depois espalhe a mistura numa forma refratária com capacidade para 1½ litro, coloque a forma numa panela com água quente e leve ao forno, assando em banho-maria por 30 minutos. Sirva na própria forma.

25. BETERRABAS DA RAINHA
Especial para regimes

Ingredientes — 450g de beterrabas cozidas e cortadas em rodelas - 2 colheres (sopa) de margarina - 1 colher (sopa) de suco de limão - 1/2 colher (chá) de sal - 1 pitada de pimenta-do-reino - 3/4 de colher (chá) de alcaravia (ou kummel) - 1/4 de xícara de leite azedo.

Modo de preparar — Coloque todos os ingredientes numa panela e aqueça, sem deixar ferver. Está pronto para servir.

26. BIFES ENROLADOS

Ingredientes — 1/2k de carne cortada em bifes finos - 4 fatias de presunto - 4 fatias de mozarela - 1 pitada de orégano - 1 pitada de sálvia - 3 talos de salsa picadinha - 1 dente de alho socado - 1 pitada de pimenta-do-reino - 100g de vinho tinto - 1 colher (chá) de molho shoyu - 4 colheres de temperal - óleo Merlin - Sal a gosto.

Modo de preparar — Bata os bifes; tempere com alho, sal (pouco) e pimenta. Polvilhe com salsa picada e ponha em cima uma fatia de presunto do mesmo tamanho, cobrindo com uma fatia de mozarela e polvilhando com orégano. Enrole os bifes e amarre com linha ou trespasse-o com palitos. Doure os bifes no óleo quente e junte, depois, os demais ingredientes. Cozinhe até ficarem macios, provando para verificar o sal.

27. BIFES DE FORMA
Especial para regimes

Ingredientes — 1kg de carne cortada em bifes - 8 colheres de temperal - 1 pitada de pimenta-do-reino - 1 molho de tempero verde - 2 pimentões cortados em tiras - Sal a gosto - 3 cebolas - 3 tomates.

Modo de preparar — Tempere os bifes com a pimenta-do-reino e arrume-os, em forma untada, em camadas intercaladas com rodelas de cebola, tomate e tempero verde picado. Tampe a forma e leve ao fogo brando, sacudindo de quando em quando para não grudar. Os pimentões devem ser dispostos por cima.

28. BIFES À PARMESÃO

Ingredientes — 500g de alcatre - 8 colheres de temperal - Fatias de mozarela (tantas quantas forem os bifes) - Manteiga - Molho de tomate - Queijo ralado - 1 lata de ervilhas cozidas - Sal e orégano a gosto.

Modo de preparar — Corte a alcatre em bifes e deixe-os de molho no temperal por 1/2 hora. Depois tempere-os com sal (se necessário) e orégano e frite-os. Depois de fritos, arrume-os em forma untada com manteiga, colocando em cima de cada bife uma fatia de mozarela. Cubra com molho de tomate e polvilhe com queijo ralado. Leve ao fogo brando durante 15 a 20 minutos, até derreter a mozarela. Escorra as ervilhas e derrame-as sobre os bifes. Deixe esquentar e sirva, acompanhados com batata-palha e arroz branco.

29. BOLAS DE QUEIJO

Ingredientes — 1 xícara de queijo parmesão ralado - 1 xícara de farinha de trigo - 1 xícara de manteiga - 1 vidro de azeitonas.

Modo de preparar — Misture a manteiga, o queijo e a farinha de trigo, amassando bem. Quando a massa tomar consistência, envolva cada azeitona com a massa e ponha em forma untada, deixando espaço entre cada bolinha. Leve ao forno pré-aquecido por 30 minutos. Se não quiser rechear com azeitonas, pode simplesmente enrolar as bolinhas de queijo e assá-las da mesma forma.

30. BOLINHOS DE FOLHAS DE CENOURA

Ingredientes — Folhas de cenoura - 1 cebola - 1 dente de alho - 1 ou 2 galhos de salsa - 1 ovo - 1 colher (chá) de fermento - Farinha de trigo - Sal a gosto.

Modo de preparar — Lave bem as folhas e pique miúdo. Tempere com sal, cebola picada e salsa picada. Quebre um ovo e misture tudo à farinha de trigo, em quantidade suficiente para dar consistência. Junte o fermento, torne a misturar. Frite em óleo bem quente. Esta receita é válida, também, para o aproveitamento de folhas de beterraba, rabanete, nabo, etc.

31. BOLINHOS COUNTRY

Ingredientes — 1 xícara de arroz (ou sobras de arroz) - 1/2 colher (chá) de fermento rápido - 1 molho de tempero verde - 3 colheres de temperal - 2 ovos - 3 colheres (sopa) de farinha de trigo - 100g de filé de peixe.

Modo de preparar — Bata as claras em neve e as gemas em separado. Pique o tempero verde. Misture todos os ingredientes, com exceção do filé de peixe. Se a massa ficou muito dura, vá acrescentando leite; se ficou muito mole, acrescente mais farinha, até tomar consistência. Prove o sal. Se for necessário, acrescente mais uma pitada. Faça bolinhos, introduzindo em seu interior pequenos pedaços de peixe cru (ou camarões, ou bacon, etc.). Frite em bastante óleo e escorra.

32. BRÓCOLIS À FROMAGE

Ingredientes — *Para a massa:* 2 xícaras de farinha de trigo - 3/4 de xícara de margarina gelada - 5 colheres (sopa) de água gelada - *Para o recheio:* Talos de 2 maços de brócolis cortados em pedaços - 4 colheres (sopa) de margarina - 1 cebola picada - 2 ovos ligeiramente batidos - 2 pimentões vermelhos picados - 1/2 xícara de queijo-de-minas ralado grosso.

Modo de preparar — *A massa*: Corte a margarina gelada em pedacinhos. Junte a farinha de trigo e amasse até obter algo semelhante a uma farofa. Junte a água, uma colher de cada vez, mexendo rapidamente com o garfo. Sove umas 4 vezes até formar uma bola, coloque a massa num saquinho plástico e deixe na geladeira por 1 hora. Depois, forre com a massa uma forma refratária e leve ao forno por 10 minutos. Retire os fiapos dos talos de brócolis. Derreta as 4 colheres de sopa de margarina numa panela, frite a cebola até ficar transparente. Junte os talos de brócolis e cozinhe por 1 minuto, até que eles fiquem impregnados pela margarina. Espalhe os talos sobre a massa na forma. Misture os ovos com os pimentões e despeje sobre os brócolis. Salpique a superfície com o queijo ralado. Leve ao forno e asse por 25 minutos.

33. BRÓCOLIS À SEGÓVIA

Ingredientes — 1 maço de brócolis - 2 colheres (sopa) de cebola picada - 4 colheres (sopa) de óleo Merlin - 1 dente de alho picado - 2 colheres (sopa) de margarina - 1 colher (sopa) de tempero verde picado - 2 colheres (sopa) de migalhas de pão velho - 1 ovo duro picado - 1 pitada de pimenta-do-reino - Sal a gosto.

Modo de preparar — Separe as flores e os talos dos brócolis. Retire as fibras externas do talo e pique. Cozinhe talos e flores até que estejam macios. Frite a cebola no óleo por 2 minutos. Junte o alho e frite por mais 1½ minuto. Junte a margarina, o tempero verde, o sal, as migalhas de pão e o ovo, misturando bem. Depois, acrescente os brócolis, deixando cozinhar um pouco.

34. CABRITO À MATA-HARI

Ingredientes — 1kg de carne de cabrito - 2 xícaras de arroz malequisado - 3 cebolas cortadas em rodelas - 1 dente de alho socado - 1 dente de cravo - Óleo Merlin - Tiras de toucinho ou bacon - 1/4 de colher (chá) de pimenta - 8 colheres de temperal - Sal a gosto.

Modo de preparar — Corte a carne em pequenos pedaços. Refogue o toucinho, o alho, a cebola, o sal, a pimenta e o cravo. Quando dourar, junte a carne para fritar, durante uns cinco minutos ou até dourar. Depois, acrescente o temperal e deixe cozinhar bem. Quando estiver cozido, retire o cabrito, coe o molho, deixe a parte mais sólida do molho com o cabrito, e o restante, na panela. Ponha, junto com a parte líquida do molho, 3½ xícaras de água a ferver e, depois, cozinhe o arroz em fogo brando. Prove o cabrito e, depois, a água do arroz, para ver se falta sal (se faltar, complete com temperal). Quando o arroz estiver pronto, junte o cabrito e esquente mais.

35. CAÇAROLA DE OVOS

Ingredientes — 4 colheres (sopa) de manteiga - 3 colheres (sopa) de farinha de trigo - 1 colher (chá) de mostarda em pó - 1½ xícara de leite - 1 xícara de queijo mineiro ralado - 6 ovos cozidos - 2 xícaras de farinha de milho - Sal e pimenta a gosto.

Modo de preparar — Derreta a manteiga em banho-maria; junte a farinha de trigo e os temperos, mexendo constantemente, até formar uma pasta. Adicione o leite, mexa e cozinhe, mexendo sempre, até engrossar. Acrescente o queijo e continue a mexer até que derreta. Tire a panela do fogo e tampe-a. Corte os ovos duros pela metade, arrumando-os em cima do queijo cozido. Numa frigideira, toste a farinha de milho em uma colher de manteiga. Espalhe a farofa sobre os ovos e o queijo derretido. Asse em forno brando por mais ou menos 10 minutos.

36. CALDO POPEYE

Ingredientes — 1 caneca de leite - 1 colher (sopa) de farinha de trigo - 1 colher (sopa) de margarina - 1 molho de espinafre - 6 colheres (sopa) de temperal - 1 ovo.

Modo de preparar — Lave as folhas de espinafre e coloque-as na panela, sem água e sem tampa, durante 2 minutos, mexendo sempre. Com o leite, a farinha de trigo, a margarina e o temperal, faça um molho branco. Bata o molho branco e o espinafre até formar uma massa. Leve ao fogo, dissolva o ovo em água e acrescente ao caldo, até ferver. Prove o sal. Se estiver muito grossa, acrescente mais água até ferver.

37. CARNE À PADRE CÍCERO

Ingredientes — 1 xícara de leite - 3 fatias de pão velho - 500g de carne moída - 250g de proteína de soja texturizada - 1 colher (sopa) de margarina - 1 dente de alho - 1 cebola picada - 3 tomates maduros - 2 colheres (sopa) de farinha de trigo - 4 ovos - 2 tabletes de caldo de carne - *Guarnição:* 6 folhas de alface - 2 tomates - 1 ovo.

Modo de preparar — Dissolva o caldo de carne em 7 colheres de temperal. Junte com o leite, dividindo em 2 partes. A uma delas acrescente o pão para amolecer. Em separado, leve a margarina ao fogo, refogando a cebola, os tomates sem pele e sem sementes, o alho, a carne e a proteína de soja, mexendo sempre e, depois, reservando. À outra metade do caldo, junte a farinha, os ovos batidos, levando ao fogo e mexendo sempre até engrossar. Passe a mistura com o pão no liquidificador, junte com a carne e o creme de ovos e leve novamente ao fogo até desprender do fundo da panela. Despeje em forma untada e polvilhada com farinha. Leve ao forno quente durante 40 minutos. Desenforme e enfeite com a guarnição, picando os tomates e os ovos e colocando a alface por baixo.

38. CARRETEIRO DE BOCHA

Ingredientes — 1kg de costela de ovelha - 1 xícara de arroz - 1 colher de sal - 1 raminho de manjerona - 1 dente de alho - 2 colheres (sopa) de óleo Merlin - 1 cebola - 1 colher (chá) colorau - 1 pitada de pimenta vermelha - 1 pitada de tempero misto - 1/2 pimentão picado - 8 colheres de temperal - Sumo de 1/2 limão.

Modo de preparar — Corte a costela em pequenos pedaços e lave-a. Amasse, na tábua de carne, o sal, o alho e as pimentas, formando uma pasta. Esfregue em toda a carne. Junte o temperal e o sumo de limão e deixe de molho por 1/2 hora, numa bacia, travessa ou alguidar. Depois, ponha o óleo Merlin na panela (se tiver panela de ferro, melhor ainda) e esquente bem. Quando estiver bem quente, ponha a carne, tampe e deixe dourar, abrindo e mexendo um pouco de quando em quando para não queimar. Quando a carne estiver dourada, junte a manjerona, o caldo da carne que sobrou na bacia e 1½ xícara de água, deixando cozinhar por mais ou menos 40 minutos. Depois de cozida a carne, refogue a cebola picada. Frite o arroz, mexendo para não grudar, e acrescente duas xícaras de água quente. Mexa bem. Prove, para ver se não falta algum tempero, e junte os que estiverem faltando. Deixe cozinhar em fogo forte por 5 minutos. Depois deixe em fogo brando, até secar. Se quiser o arroz mais molhadinho, junte mais 1 xícara de água e deixe cozinhar destampado, mexendo de quando em quando.

39. CEBOLADA AO MEL
Especial para regimes

Ingredientes — 1/2kg de cenouras - 200g de cebolinhas em conserva - 1 colher (sopa) de margarina - 1/2 xícara de caldo de galinha - 2 colheres (sopa) de mel - Sal (se precisar) a gosto.

Modo de preparar — Corte as cenouras em tiras e frite, junto com as cebolinhas, em margarina bem quente. Adicione o sal e o caldo de galinha, deixando cozinhar lentamente até amaciar as cenouras. Se secar muito, junte mais caldo de galinha. Quando estiver pronto, acrescente o mel e mexa bem.

40. CHARQUE À MOINHOS DE VENTO

Ingredientes — 1 kg de charque - 1/2 litro de leite - 3 colheres (sopa) de manteiga derretida - Banha de porco para fritar.

Modo de preparar — Deixe o charque de molho na água fria por 4 horas para dessalgar, trocando a água de 1/2 em 1/2 hora. Uma hora antes de prepará-lo, deixe-o ficar de molho em leite, durante 1 hora. Depois escorra o leite e seque bem o charque, fritando-o depois na banha até corar bem. Quando tirar do fogo, espalhe a manteiga derretida sobre a carne. Um ótimo acompanhamento é arroz com milho verde e pirão.

41. CHUCHUS LA MONTAGNE

Ingredientes — 1 kg de chuchu - 2 ovos - 1 caneca de leite - 1 caneca de farinha de trigo - 1 colher (sopa) de sal - 1 caneca de óleo Merlin.

Modo de preparar — Descasque os chuchus e cozinhe em água fervente com o sal até ficarem macios. Escorra bem e leve a panela ao fogo para secar, sacudindo um pouco. Reserve. Bata no liquidificador o leite, os ovos, a farinha e o sal, até formar uma massa mais ou menos grossa. Se for preciso, acrescente mais farinha, ou mais leite, ou mais sal. Despeje a massa numa tigela e passe por ela os chuchus cozidos. Em panela funda aqueça o óleo e frite os chuchus cortados em fatias ao comprido, escorrendo depois em papel absorvente. Esta receita serve também para batatas.

42. CHURRASCO DA REDENÇÃO

Ingredientes — 1½ kg de costela de boi - 12 colheres de temperal - 1/2 colher (sopa) de sal.

Modo de preparar — Serre os ossos a uma distância de mais ou menos 15 centímetros e lave bem a carne. Coloque-a no espeto e leve-a às brasas. Misture o sal e o temperal. Faça um "pincel" com galhos de manjerona, manjericão, temperos verdes, louro, etc. (na falta, pode usar guanxuma). Deixe a carne assar por 5 minutos e, com o pincel, borrife-a com o temperal. Faça isto de 10 em 10 minutos, até ficar assada. A primeira parte da carne a ser exposta ao fogo deve ser a do osso; depois, o outro lado. Leva aproximadamente 30 minutos para o churrasco ficar pronto.

43. CHURRASCO À SETO

Ingredientes — 1/4 de xícara de óleo Merlin - 1/4 de xícara de vinho branco - 10 colheres (sopa) de temperal - 2 colheres (sopa) de geléia de maçã - 1 colher (chá) de salsa picada - 1/2 colher (chá) de mostarda - 1/2 colher (chá) de molho shoyu - frangos de 1kg cada, cortados - sal (se precisar) a gosto.

Modo de preparar — Deixe os pedaços de frango de molho nos ingredientes misturados, durante 2 a 3 horas. Depois leve os pedaços à grelha, virando-os constantemente e borrifando-os com o molho resultante da mistura dos ingredientes, até a carne ficar macia.

44. COELHO À GISCARD D'ESTAING

Ingredientes — 1 repolho - 1 coelho desossado e cortado em pedaços pequenos - 200g de lingüiça sem pele - Fatias finas de toucinho ou bacon - 3 copos de vinho branco seco - 8 colheres de temperal - 1 pitada de pimenta-do-reino - Sal a gosto, se precisar.

Modo de preparar — Deixe o repolho de molho numa salmoura leve por 20 minutos. Pique a lingüiça e misture com o coelho picado, temperando com sal e pimenta (cuidado com o sal: não esqueça que terá de acrescentar o temperal). Retire o repolho da salmoura. Escorra-o bem, abra folha por folha e coloque o recheio de coelho e lingüiça. Feche o repolho e rodeie-o com tiras de toucinho. Coloque uma fatia maior de toucinho no fundo de uma panela e o repolho em cima, regando em seguida com o vinho e o temperal. Polvilhe pimenta, feche a panela e deixe cozinhar durante mais ou menos 90 minutos em fogo brando, abrindo a panela de vez em quando para ver se não está queimando.

45. CONSERVA DE PEPINO

Ingredientes — 12 pepinos grandes - 1/2 xícara de sal - 1 litro de vinagre - 1kg de açúcar - 1/2 colher (sopa) gengibre em pó - 4 pimentas malaguetas - 1/4 de xícara de mostarda em grão - 2 folhas de louro - 2 paus de canela - 1 colher (sopa) de cravos-da-índia.

Modo de preparar — Descasque os pepinos, corte-os pelo comprimento e retire as sementes. Salpique com sal e deixe de um dia para o outro. Lave os pepinos, no dia seguinte. Ferva o vinagre, o açúcar, o gengibre, a pimenta, a mostarda, o louro, o cravo e a canela, mexendo até o açúcar dissolver. Junte os pepinos. Coloque em vidros de conserva esterilizados.

46. COSTELETAS À PASSIONÁRIA

Ingredientes — 600g de costeletas de carneiro - 1 cebola - 2 colheres (sopa) de óleo Merlin - 4 colheres (chá) de sal - 1 colher (chá) de pimenta-do-reino - 2 pimentões - 400g de tomates esmagados - 8 colheres de temperal.

Modo de preparar — Pique a cebola fininha. Misture o suco de 1 limão ao óleo, ao sal e à pimenta-do-reino, mexendo bem. Ponha as costeletas nesse molho e deixe no refrigerador por 3 horas, virando-as de quando em quando. Enquanto isto, retire as sementes dos pimentões, corte-os em tiras e frite-os junto com os tomates esmagados, juntando depois o temperal. Frite as costeletas em outra panela, numa média de 2 a 3 minutos para cada lado. Despeje a mistura de tomate por cima.

47. COUVE-FLOR DOURADINHA
Especial pare regimes

Ingredientes — 1 couve-flor limpa e separada em maços - 4 colheres (chá) de óleo Merlin - 1 dente de alho picado - 1 colher (sopa) de salsa picada - 1/4 de xícara de queijo ralado - Sal a gosto.

Modo de preparar — Coloque a couve-flor numa panela com água e sal, tampe, leve ao fogo e cozinhe por 20 minutos. Escorra. Numa frigideira, aqueça o óleo Merlin, junte o alho e a salsa e frite por 2 minutos. Junte a couve-flor e frite por mais 2 minutos. Retire do fogo e polvilhe com o queijo ralado.

48. COUVE-FLOR À MILANESA

Ingredientes — 1 couve-flor - 3 claras batidas em neve - 3 gemas batidas - 2 colheres (sopa) de queijo ralado - 1 colher (sopa) de salsa picada - Molho de tomate - Sal a gosto.

Modo de preparar — Separe a couve-flor em pedaços; cozinhe-os em pouca água e sal, sem deixar amolecer demais. Escorra. Junte as gemas batidas às claras em neve, acrescente o sal e misture levemente. Depois, pegue cada pedaço de couve-flor, passe no ovo e frite em fogo moderado, dourando ambos os lados. Depois de fritos, ponha-os em uma travessa e, por cima de cada pedaço, ponha uma colherada de molho de tomate quente. Polvilhe com queijo ralado e salsa picada.

49. COZIDO À PROVENÇAL

Ingredientes — 1 kg de lagarto - Vinho tinto - 8 colheres de temperal - 1 alho socado - Pimenta-do-reino a gosto - 3 cebolas em rodelas - 1/2 folha de louro.

Modo de preparar — Fure a carne com um facão e tempere com o temperal, o vinho, alho, pimenta-do-reino, cebola e louro. Deixe de molho 1 hora e meia. Depois deixe corar bem, numa panela com óleo Merlin, sem botar o caldo em que a carne esteve de molho. Só quando ela estiver bem corada acrescente o caldo e tampe a panela. Quando começar a fritar de novo, vire a carne e torne a tampar a panela. Prove. Se faltar sal, acrescente temperal. Se estiver seca, vá deitando água aos pouquinhos e virando a carne, até ficar bem macia. Sirva em fatias, regada com o próprio molho e besuntada de manteiga. Se quiser, polvilhe queijo ralado por cima e uma pequena pitada de tempero misto.

50. CREME DE BATATAS

Ingredientes — 3 batatas grandes, cozidas e cortadas - 1 copo de ricota - 1/2 copo de leite - 1/2 copo de iogurte natural - 1 dente de alho amassado - 2 alhos cortados fininhos - 1/2 copo de queijo ralado - Sal a gosto.

Modo de preparar — Numa tigela grande misture as batatas, a ricota, o leite, o iogurte, o alho e os alhos porros. Coloque em pirex ou forma. Espalhe o queijo ralado por cima. Asse em fogo brando e sirva bem quente.

51. CREME DE CARNE

Ingredientes — 2 xícaras de carne cozida e moída - 1 xícara de miolo de pão velho embebido em leite - 2 tomates - 1 dente de alho - 2 colheres (sopa) de cebola picada - 2 colheres (sopa) de tempero verde picado - 4 colheres de óleo Merlin - Sal e pimenta a gosto.

Modo de preparar — Juntar todos os ingredientes, aos poucos e sempre batendo, no liquidificador. Bate até obter-se um creme consistente e homogêneo. Ótimo para o preparo de tortas frias, salgadinhos, canapés, preparo de maioneses e sanduíches, podendo ser usado como patê.

52. CREME ZAPATA (POLLO Y MAIZ)

Ingredientes — 1 frango de mais ou menos 1,8kg - 1 litro de leite - 4 colheres (sopa) de óleo Merlin - 2 latas de milho verde (ou os grãos de 8 espigas) - 4 gemas - 4 colheres (sopa) de maisena - 1/2 xícara de queijo ralado - 8 colheres de temperal - Sal (se precisar) a gosto.

Modo de preparar — Corte o frango em pedaços e frite até dourar, adicionando o temperal aos poucos para não grudar, cozinhando em fogo brando. Quando estiver bem cozido, desfie em pedaços pequenos. Reserve. Passe o milho e o leite no liquidificador e leve ao fogo com as gemas e a maisena, mexendo até engrossar. Prove o sal do frango e do creme. Unte um prato refratário com manteiga ou margarina. Faça uma camada de creme, outra de frango, outra de queijo ralado, sendo a penúltima camada de creme e a última de queijo. Leve ao forno quente por 20 minutos, até borbulhar. Sirva bem quente com arroz branco.

53. CROQUETES DE AIPIM

Ingredientes — 1/2kg de aipim cozido (pode ser sobras) - 3 colheres (sopa) de queijo ralado - 1 colher (sopa) de margarina - 2 ovos - Sal, pimenta, farinha de rosca.

Modo de preparar — Passe o aipim no espremedor ou esmague-o com garfo até formar uma pasta. Junte a margarina, o queijo e os ovos ligeiramente batidos. Misture tudo muito bem. Acrescente sal e pimenta a gosto. Faça bolinhas pequenas, passe em farinha de rosca e frite em óleo Merlin bem quente. Excelente acompanhamento para carnes ou molhos.

54. CROQUETES À HEITOR VILLA-LOBOS

Ingredientes — 1,3kg de batatas - 2 ovos - 3 gemas - 1 pitada de pimenta-do-reino - 1 pitada de noz-moscada - Sal a gosto - 100g de farinha de rosca - Farinha de trigo (em quantidade suficiente para ligar). Óleo Merlin.

Modo de preparar — Descasque as batatas, lave-as, corte em quatro e leve ao fogo numa panela com bastante água e sal a gosto. Deixe cozinhar por 20 minutos. Escorra e passe pelo espremedor. Leve o purê ao fogo por alguns segundos, mexendo sempre, até que fique seco. Retire do fogo, junte as gemas uma a uma ao purê quente, sem parar de mexer. Adicione um pouco de sal, a pimenta-do-reino e a noz-moscada, e deixe descansar por 10 minutos. Polvilhe a mesa com farinha de trigo. Retire uma quarta parte da massa de batatas e forme, na mesa, sobre a farinha, um rolo comprido de 3cm de diâmetro, dividindo-o em pedaços de 6 a 7cm de comprimento. Prepare assim todos os croquetes. Passe-os nos ovos batidos e, em seguida, na farinha de rosca. Frite 6 croquetes. Passe-os nos ovos batidos e, em seguida, na farinha de rosca. Frite 6 croquetes de cada vez, em óleo bem quente, mas não fumegante. Assim que dourarem, tire-os da frigideira e coloque sobre papel absorvente.

55. CROQUETES DE SOBRA DE CASCAS

Ingredientes — Os mesmos da Torta de Sobra de Cascas nº 1 (V. Receita nº 139) - 3 gemas - 1/2 copo de queijo ralado - 1/2 copo de farinha de pão torrado - Farinha de trigo suficiente para dar consistência.

Modo de preparar — Bater os ovos. Reunir todos os ingredientes. Modelar a massa em forma de croquetes, passar na farinha de rosca e fritar em óleo bem quente.

56. ENSOPADO CÔTE D'AZUR

Ingredientes — 1kg de patinho - 3 colheres (sopa) de óleo Merlin - 4 cebolas - 1/2kg de cenouras. 1 colher (sopa) de farinha de trigo - 8 colheres de temperal - 1 folha de louro - 1 galho de tomilho ou manjerona - 1 galho de salsa - 1 pitada de tempero misto - 1 pitada de pimenta-do-reino - Sal a gosto.

Modo de preparar — Corte a carne em pedaços grandes e doure-a por igual numa frigideira. Retire-a e coloque-a numa panela. Pique a cebola, lave bem as cenouras e pique-as sem retirar a casca, fritando na frigideira com o óleo que restou da carne. Depois, junte à carne na panela todos os ingredientes (menos o sal) e deixe cozinhar um pouco. Prove. Se estiver bom de sal, deixe cozinhar até amaciar a carne. Excelente para acompanhar massas, arroz branco, purê, etc.

57. ESPAGUETE COM PORCO

Ingredientes — 600g de espaguete - 1kg de carne de porco - 2 cenouras picadas - 1 alho porro picado - 2 cebolas picadas - 2 folhas de louro - 4 cravos-da-Índia - 1 pitada de pimenta-do-reino - 1/2kg de tomates - 200g de vinho branco seco - Páprica - 8 colheres de temperal - Sal a gosto - óleo Merlin.

Modo de preparar — Tempere a carne com sal e pimenta e doure-a numa panela (se possível, de ferro). Junte em seguida as cenouras, o alho porro, as cebolas, os louros e os cravos. Ponha o temperal, mas provando sempre para não salgar, e reserve um pouco de temperal para o molho. Tampe a panela e deixe cozinhar. Em outra panela, ponha os tomates picados e cozinhe no vinho, juntando a páprica, o resto do temperal e, se for necessário, mais sal (prove primeiro). Meia hora depois que a carne estiver cozinhando, derrame o molho e deixe terminar de cozinhar. Enquanto isto, cozinhe o espaguete na água com uma pitada de sal (se necessário). Depois de cozido, escorra bem o espaguete, ponha numa panela bem funda e derrame o cozido de porco por cima, polvilhando com queijo ralado e salsa picada.

58. ESPARREGADO DE VAGEM

Ingredientes — 1kg de vagem - sal a gosto - 3 dentes de alho inteiros - 1/3 de xícara de azeite - 1/4 de xícara de vinagre - 1 colher (sopa) de farinha de trigo.

Modo de preparar — Lave e limpe as vagens, cortando-as, logo após, em fatias bem finas, como se fosse couve mineira. Cozinhe as vagens com água e sal. Depois de bem cozidas, escorra. Frite os dentes de alho no azeite até dourar, retire o alho da panela acrescentando as vagens e o vinagre. Refogue e junte a farinha. Misture bem e deixe cozinhar por uns minutos, até que a mistura fique cremosa. Tempere com mais sal, se for necessário.

59. ESPETINHO À MODA DO LIDO

Ingredientes — 400g de carne - 8 fatias de pão velho - 8 fatias de presunto cru - 16 fatias de toucinho - 8 folhas de sálvia - 20g de manteiga - Sal - Pimenta-do-reino.

Modo de preparar — Corte a carne em fatias finas e iguais e bata um pouco. Sobre cada fatia, ponha uma folha de sálvia e uma fatia de presunto. Polvilhe com pimenta. Enrole. Corte o pão em tantos pedaços quantos forem os enroladinhos. Faça espetinhos e enfie uma fatia de pão, uma de toucinho, um enroladinho, outra de toucinho, etc. Unte-os com manteiga e ponha em forma ou tabuleiro, levando ao forno para assar.

60. ESPETINHO DOS MARES DO SUL

Especial para regimes

Ingredientes — 1/2kg de carne - Óleo Merlin - 8 colheres (sopa) de temperal - 1 folha de louro - 16 cebolinhas - 300g de queijo - 8 tomates.

Modo de preparar — Corte a carne em cubos de 2cm. Corte o queijo, as cebolas e os tomates de modo a que corresponda um pedaço de cada um desses ingredientes para cada pedaço de carne. Ponha a carne de molho no temperal. Se faltar sal, aplique-o a gosto. Acenda uma espiriteira e esquente o óleo. Doure a carne, deixando-a mal passada. Depois, faça espetinhos com a carne, o tomate, a cebola e o queijo. Retire a caçarola da espiriteira e termine de assar o espeto, flambando-o na chama do álcool.

60a. ESPINAFRE AU FROMAGE

Ingredientes — 1½kg de espinafres cozidos e picados - 1kg de batatas cozidas e espremidas - 2 colheres de manteiga - 1 colher de salsa picada - Sal - Pimenta-do-reino - 3 ovos batidos - 2 ovos cozidos picados - 250kg de queijo fresco fatiado - 4 colheres de queijo ralado - 1 pitada de noz-moscada ralada.

Modo de preparar — Junte às batatas 1 colher de manteiga, salsa, sal, pimenta, noz-moscada, os ovos batidos e misture tudo. À parte, junte ao espinafre outra colher de manteiga, sal, pimenta e os ovos cozidos, misturando. Unte uma travessa refratária com manteiga e coloque no fundo uma camada de batatas, outra de fatias de queijo, polvilhe com metade do queijo ralado, coloque por cima o espinafre, o resto do queijo em fatias, outra camada de batatas e polvilhe com o resto do queijo ralado. Leve ao forno, gratine e sirva quente.

61. ESPINAFRE À SAINT-TROPEZ

Ingredientes — 1 lata de creme de leite - 2 molhos de espinafre - 5 colheres (sopa) de margarina - 1 cebola picada - 2 gemas - Queijo ralado - 1 dente de alho - picado - Sal a gosto.

Modo de preparar — Desfolhe os espinafres, lave e coloque em panela tampada sem água, em fogo baixo, até murchar. Ponha a lata de creme de leite no congelador. Tire o espinafre do fogo, deixe esfriar, esprema até tirar toda a água, depois pique com a faca até ficar uma pasta. Refogue a cebola e o alho na margarina, juntando o espinafre, mexendo bem. Bata as gemas e misture com o creme de leite sem soro, junte com o espinafre, tempere com sal a gosto.

Leve ao fogo baixo, mexendo até engrossar, *mas sem deixar ferver.* Experimente o sal. Coloque água a ferver em uma panela maior, e o espinafre em um recipiente menor, para ser posto em banho-maria na maior, fervendo por 50 minutos. Depois de pronto, polvilhar com queijo ralado e salsa picada.

62. FARINHA DE CASCA DE OVO

Esta farinha é ótima para a alimentação de pessoas descalcificadas. Vá juntando as cascas de ovo. Quando houver uma boa quantidade disponível, torre ligeiramente as cascas no forno e moa bem fininho, com rolo de massa ou pilão. Use uma colher de sopa no arroz, no feijão, nas sopas, bolinhos e mingaus.

63. FEIJÃO À GUANABARA

Ingredientes — 125g de mortadela cortada em cubinhos - 1 xícara de cebola picada - 2 dentes de alho amassados - 1/2kg de tomates picados, sem pele - 1 colher (chá) de manjericão picado - 1/4 de colher (chá) de pimenta-do-reino - 1/4 de xícara de vinagre - 400g de feijão cozido - 200g de mozarela cortada em fatias - Sal a gosto.

Modo de preparar — Frite a mortadela numa frigideira e retire-a com a escumadeira. Frite no mesmo óle a cebola e o alho, sem dourar. Acrescente os tomates e, depois, na ordem, o manjericão, o sal, a pimenta e o vinagre, deixando cozinhar por 2 minutos. Adicione o feijão e a mortadela e deixe levantar fervura. Depois despeje essa mistura numa forma refratária com capacidade para 6 xícaras e asse em forno moderado por 30 minutos. Retire do forno, cubra com as fatias de mozarela e asse por mais 5 minutos, até derreter o queijo.

64. FEIJÃO À ZORBA

Ingredientes — 1/2kg de feijão branco - 1/2 xícara de óleo Merlin - 4 dentes de alho - 2 cebolas grandes cortadas em rodelas - 1/2 colher (chá) de tomilho seco - 1 folha de louro - 2 colheres (sopa) de salsinha picada - 5 tomates picados, sem casca - Sal a gosto - Água.

Modo de preparar — Deixe o feijão de molho de um dia para o outro. Escorra-o e lave em água corrente. Frite a cebola, o alho, o tomilho, o louro e a salsinha no óleo, até a cebola começar a dourar. Junte os tomates e cozinhe até tomar a consistência de molho. Noutra panela, coloque o feijão e cubra-o com água. Leve ao fogo e deixe levantar fervura. Depois, baixe o fogo e cozinhe com a panela tampada, mexendo de quando em quando. Quando o feijão estiver quase macio, acrescente o molho e deixe ferver até ficar pronto.

65. FÍGADO À LOUIS ARMSTRONG
Especial para regimes

Ingredientes — 300g de fígado, cortado em 2 ou 3 bifes - 2 gemas cruas - 1 maçã ralada - Óleo Merlin - 3 colheres (sopa) de temperal - Pimenta, sal e vinagre a gosto - 1 colher (chá) de sementes de aipo.

Modo de preparar — Misture a gema crua com as sementes de aipo, vinagre e maçã ralada. Esquente o grill e pincele o fígado com o óleo Merlin. Deixe grelhar por 3 minutos de cada lado, mais ou menos, e ponha os demais temperos, menos o molho de aipo. Este deverá ser colocado somente quando o fígado estiver pronto. Sirva com salada e arroz.

66. FLAN DE ESPINAFRE
Especial para regimes

Ingredientes — 2 maços de espinafre (1kg) - 1/2 litro de leite - 6 ovos - sal e pimenta-do-reino a gosto - 1 pitada de noz-moscada.

Modo de preparar — Limpe e lave o espinafre e separe as folhas. Cozinhe em água fervente com sal, por uns 5 minutos ou até murchar. Escorra e aperte bem para retirar toda a água. Pique não muito fino. Numa tigela, bata os ovos. Acrescente, aos poucos, o leite fervendo, batendo sempre. Tempere com sal, pimenta e noz-moscada. Junte o espinafre e misture bem. Espalhe numa forma refratária redonda, com mais ou menos 27cm de diâmetro. Coloque numa assadeira. Junte água fervendo até atingir a metade da altura da forma. Aqueça o forno em temperatura quente (200º) e asse em banho-maria durante uma hora. Depois de pronto sirva bem quente.

67. FOLHAS DE BETERRABA AU GRATIN

Ingredientes — 1/2kg de folhas de beterraba - 3 colheres (sopa) de margarina - 1 colher (sopa) de óleo Merlin - 1 dente de alho bem picado - 1/2 xícara de queijo fresco picado - 2 colheres (sopa) de queijo parmesão ralado - 3 gemas - 1/4 de xícara de pão torrado e esmagado em farinha - Sal a gosto.

Modo de preparar – Retire os talos mais duros das folhas de beterraba, afervente e pique com uma faca afiada. Derreta a margarina numa panela. Junte o óleo Merlin. Adicione o alho e frite até dourar. Acrescente as folhas picadas e mexa bem. Retire do fogo. Junte na panela os dois queijos e tempere levemente com sal. Junte as gemas e mexa bem. Unte uma forma refratária e salpique com a farinha de pão torrado, despejando a mistura na forma. Cubra com a farinha restante. Cubra com alguns pedacinhos de margarina. Leve ao forno alto pré-aquecido e deixe dourar por 30 minutos.

68. FOLHAS DE BETERRABA AO MOLHO BRANCO

Ingredientes – 1/2kg de folhas de beterraba - 2 beterrabas médias cozidas - 2 colheres (sopa) de margarina - 2 colheres (sopa) de cebola picada - 2 colheres (sopa) de farinha de trigo - 1 xícara de leite - 1 pitada de pimenta-do-reino - 3 ovos duros picados - 1/2 xícara de queijo ralado grosso - Sal a gosto.

Modo de preparar – Cozinhe as folhas e as beterrabas em água ligeiramente salgada e escorra assim que estiverem macias. Pique as folhas e as beterrabas e reserve. Numa panela pequena aqueça a margarina e frite a cebola. Junte, depois, a farinha, mexa bem e, aos poucos, derrame o leite mexendo sempre com uma colher de pau, até engrossar. Tempere com pimenta-do-reino e sal. Junte as folhas e a beterraba, misture bem e ponha numa forma refratária. Polvilhe com queijo ralado e ovos picados, leve ao forno para aquecer e sirva.

69. FRANGO ACAPULCO

Ingredientes – 1 frango - 8 grãos de zimbro - 8 fatias de bacon - 60g de margarina - 3/4 xícara de gim - 1/4 xícara de água - 1 pitada de pimenta-do-reino - Sal a gosto.

Modo de preparar – Ligue o forno em 250º (bem quente). Limpe o frango e salpique, por dentro e por fora, com o sal, a pimenta e o zimbro (se quiser, pode esmagar os grãos). Cubra o fundo da assadeira com as fatias de bacon, passe a margarina no frango e arrume na assadeira com o peito para cima, pondo no forno e assando por 15 minutos, banhando sempre com a mistura de gim e água. Depois, ponha o forno em temperatura moderada, cozinhando por mais 30 minutos, sem deixar de banhar com gim e água, até que o frango fique dourado.

70. FRANGO À MODA MONTPARNASSE

Especial para regimes

Ingredientes — 2 abacates cortados ao meio, sem caroço - 2 peitos de frango cozido, desossado e desfiado - 1 xícara de maionese - 2 colheres (sopa) de catchup - 3 colheres (sopa) de temperal - 1 colher (sopa) de cebola picada - Sal (se precisar) a gosto.

Modo de preparar — Numa tigela, misture tudo menos o frango e o abacate. Mexa bem. Junte o frango desfiado (ou cortado em cubos). Retire um pouco da polpa dos abacates e acrescente ao molho. Sirva tudo dentro dos abacates.

71. FRANGO À RIVIERA

Ingredientes — 1½kg de frango - 2 cebolas cortadas em fatias - 2½ colheres (sopa) de margarina - 1 lata de milho verde (ou 3 espigas) - 3 tomates descascados e sem sementes - 2 colheres (sopa) de farinha de trigo - 1 molho de tempero verde picado - 1/2 folha de louro - 1 pitada de pimenta-do-reino - 8 colheres de temperal - Sal a gosto.

Modo de preparar — Misture bem a farinha de trigo, o sal e a pimenta. Corte o frango em pedaços, ponha na panela, junte a farinha de trigo e mexa bem, para misturar o tempero. Ponha a margarina em outra panela, esquente bem e doure os pedaços de frango com a cebola. Junte, depois, os tomates picados, o louro, o tempero verde, e refogue por uns 6 minutos. Junte o temperal e tampe a panela. Deixe cozinhar por 15 minutos. Junte os grãos de milho verde. Deixe cozinhar mais 20 minutos. Se for preciso, acrescente (mas bem aos poucos) água ou temperal, se não estiver bom de sal. Excelente para acompanhar arroz ou massa.

72. GRÃO-DE-BICO À ANGOLANA

Ingredientes — 2 xícaras de grão-de-bico cru - 4 colheres (sopa) de óleo Merlin - 1 cebola picada - 1/2 xícara de tomate picado, sem pele - 3 dentes de alho picados - 2 colheres (sopa) de molho shoyu - Sal a gosto.

Modo de preparar — Ponha o grão-de-bico de molho, de um dia para outro. Cozinhe-o na mesma água. Em separado, frite a cebola e o alho até dourar e junte o tomate, amassando-o com um garfo na frigideira; depois, acrescente o molho shoyu e o sal. Junte tudo isso ao grão-de-bico cozido e deixe ferver um pouco. Sirva como se fosse feijão.

73. GUISADO LUÍS XIV

Ingredientes — 400g de carne sem osso - 1/2 xícara de castanhas-do-pará - 2 ovos batidos - 2 ovos cozidos picados - 1 cebola grande - 2 colheres (sopa) de massa de tomate - 2 colheres (sopa) de óleo Merlin - 1 folha de louro - 1 molho de tempero verde - Sal a gosto.

Modo de preparar — Passe a carne, as castanhas e a cebola juntas no moedor de carne. Acrescente os demais ingredientes e a folha de louro bem quebrada. Ponha sal. Coloque, numa forma untada, um pouco de molho shoyu. Deite a mistura na forma e, sobre a mistura, mais um pouco de molho shoyu. Leve ao forno moderado e deixe assar por 1 hora. Ao retirar, derrame mais 1 colher de molho shoyu sobre o assado.

74. HAMBURGER DE QUEIJO
Especial para regimes

Ingredientes — 200g de ricota fresca - 30g de cebola picada - 1 galho de salsa picada - 1 pitada de noz-moscada - 1 pitada de pimenta-do-reino - 1 colherinha de queijo ralado - Sal a gosto.

Modo de preparar — Amasse os ingredientes numa tigela e modele a massa em formato de hamburger. Está pronto para o consumo.

75. KLES PARA SOPA COM SOBRA DE CASCAS

Ingredientes — Todos os das Almôndegas de Sobra de Cascas. 1/2 copo de leite - 1 sopa.

Modo de preparar — Reunir todos os ingredientes da receita de Almôndegas de Sobra de Cascas e acrescentar o leite. Bater bem e sovar até formar uma massa consistente, usando, se for preciso, mais farinha de trigo. Cortar pequenas porções da massa, em forma de quadrados. Fazer uma sopa e deixá-la ferver, acrescentando em seguida os kles e deixar ferver por 12 a 15 minutos.

76. KIBE À CAXIAS

Ingredientes — 1kg de alcatre ou patinho - 1 copo de trigo em grão - 1 cebola grande - 1 pitada de pimenta-do-reino - Manteiga - 1 ramo de hortelã - Sal a gosto.

Modo de preparar — Moa, juntos, a carne, a cebola e o trigo, passando no moedor com chapa fina por mais 2 vezes. Amasse tudo muito bem e tempere. Tire 1 pires dessa massa, frite com manteiga até ficar bem soltinha. Unte a forma com manteiga. Com a metade da massa crua, forre a forma e alise com as mãos umedecidas. Espalhe por cima o picadinho frito e, por cima deste, o resto da carne crua. Com uma faca molhada, faça losangos chegando até a metade da massa. No centro de cada losango ponha pedacinhos de manteiga e, no meio da massa, o ramo de hortelã. Leve ao fogo brando por um espaço de 50 a 60 minutos.

77. LEGUMES CRUS AO MOLHO DE BRIÃO
Especial para regimes

Ingredientes — 500g de vagem - 1 maço de brócolis - 2 xícaras de beterraba crua, descascada e ralada - 2 xícaras de chuchu descascado e ralado. *Para o molho Brião:* 1 ovo - 1 colher (chá) de mostarda - 2 colheres (chá) de suco de limão - 1/2 xícara de óleo Merlin — 1 dente de alho picado - 3 colheres (sopa) de alcaparras escorridas - 50g de filés finos de anchovas, picados - 1/2 xícara de óleo Merlin.

Modo de Preparar — Limpe as vagens, tire os fios e mergulhe-as por 1 minuto em água fervente. Coloque-as depois em água gelada por 2 minutos, escorra e reserve. Faça o mesmo com os brócolis. Prepare o molho: bata o ovo, a mostarda e o suco de limão no liquidificador. Vá juntando o azeite bem devagar, até que o molho adquira a consistência de maionese. Junte o alho, as alcaparras e as anchovas, batendo até formar um purê. Adicione, sempre aos poucos, o óleo Merlin, e continue batendo até obter uma consistência cremosa. Despeje numa vasilha. Disponha o chuchu, a beterraba, os brócolis e as vagens numa travessa, cobrindo com o molho.

78. MACARRÃO PORTENHO

Ingredientes — 4 bifes de mais ou menos 100g cada um - 1 pitada de pimenta-do-reino - 250g de carne moída - 1 colher (sopa) de salsinha - 1/4 de colher (chá) de alcaravia - 4 colheres (sopa) de iogurte natural - 4 fatias finas de toucinho defumado - 2 colheres (sopa) de óleo Merlin - 2 cenouras cortadas em tirinhas - 2 cebolas cortadas em rodelas - 2 colheres (sopa) de extrato de tomate - 1 xícara de caldo de carne - 1/2kg de massa caseira para macarrão.

Modo de preparar — Bata bem os bifes e tempere com sal e pimenta. Numa tigela, misture a carne moída, a salsa, a alcaravia, o sal e o iogurte, mexendo até ficar uma pasta cremosa. Passe esta pasta sobre os bifes e enrole, colocando em volta de cada bife enrolado 1 tira de toucinho presa com palito. Aqueça o óleo numa frigideira, junte os rolinhos e doure de todos os lados. Retire-os e reserve. Na mesma gordura frite as cenouras e a cebola, fritando até essa última ficar transparente. Adicione o extrato de tomate e mexa bem. Junte o caldo de carne. Coloque os rolinhos novamente na panela, tampe e cozinhe em fogo brando por 50 minutos. Retire os rolinhos e coloque numa travessa aquecida, experimentando o sal e o tempero do molho e acrescentando o que for necessário. Numa panela à parte, prepare o macarrão como está acostumada a fazer. Depois de pronto, derrame o molho por cima e sirva com os rolinhos.

79. MACARRÃO À BOSSA NOVA

Ingredientes — 1/2kg de massa tipo ninho - 1/2 caneca de leite - 2 colheres (sopa) de maisena - 3 ovos crus - 3 ovos duros - 150g de queijo ralado - sal a gosto.

Modo de preparar — Cozinhe o macarrão em água fervente, escorra, passe na água fria. Bata as claras em neve e as gemas em separado, depois junte tudo e acrescente a maisena dissolvida no leite. Depois, o sal. Ponha o macarrão em forma untada, derrame o molho por cima, polvilhe o queijo e deixe assar por 30 minutos em forno moderado. Ao desenformar, enfeite com rodelas de ovos duros, salsa e cebolinha picadas. Sirva com molho de carne assada.

80. MAIONESE DE AIPIM COM ERVILHAS

Ingredientes — 4 aipins - 1 lata de ervilhas verdes - 2 ovos - Sumo de 1 limão - Sal a gosto - 5 colheres de óleo Merlin.

Modo de preparar — Ferver o aipim por 1½ hora. Quando estiver quase cozido, acrescentar uma colher de sal. Deixar ferver mais um pouco. Cozinhar os ovos por 3 minutos, de modo a que fiquem moles. Ponha os ovos no liquidificador, junte o azeite e por fim o limão. Bata bem. Depois acrescente o aipim e as ervilhas. Se for preciso acrescentar água à maionese, ponha o caldo da ervilha. Quando misturar a maionese à salada, polvilhe com salsa e cebola picadas.

81. MAIONESE D'ANGELI

Ingredientes — 2 ovos cozidos - 2 ovos crus - 1/2 copo de queijo mole picado - 1/2 copo de óleo Merlin - 4 colheres (sopa) de leite - 2 colheres (sopa) de sumo de limão - 1 colher (chá) de sal.

Modo de preparar — Juntar no liquidificador os ovos crus, o sal e o limão. Bater um pouco. A seguir juntar os ovos cozidos picados e o queijo. Bater, acrescentando o leite. A seguir, juntar vagarosamente o azeite, batendo sempre.

82. MASSA DE TOMATE

Ingredientes — 1/2kg de tomates bem maduros descascados - 1/2 colher (chá) de açúcar - 1 cebola picada - 5 dentes de alho bem picados - 1 molho de tempero verde bem picado - 1½ colher (sopa) de sal.

Modo de preparar — Esmague os tomates e passe-os por peneira. Junte os demais ingredientes e, numa frigideira com 2 colheres de óleo Merlin, cozinhe até dar consistência. Guardar em geladeira.

83. MILHO ASSADO À MODA FRADINHO

Ingredientes — 4 espigas de milho - 1/4 de colher (chá) de pimenta-do-reino. Manteiga derretida para pincelar - Sal a gosto.

Modo de preparar — Coloque cada espiga no centro de um quadrado de papel de alumínio bem grosso (o mais grosso que puder conseguir). Pincele as espigas com a manteiga derretida, salpique com sal e pimenta-do-reino. Embrulhe as espigas, fechando muito bem as pontas do papel, e asse em forno alto durante 35 minutos.

84. MILHO REFOGADO

Ingredientes — 6 espigas de milho verde - 3 colheres de sopa de óleo Merlin - 1 cebola picada - 2 dentes de alho picado - 2 tomates maduros picados - 1/2 folha de louro em pedaços - Sal a gosto.

Modo de preparar — Corte os grãos da espiga. Cozinhe-os em pouca água e sal até amaciarem. Frite a cebola e o alho; depois, junte os tomates, o louro e o sal, cozinhando por alguns minutos. Junte o milho cozido. Deixe ferver mais 5 minutos. Sirva bem quente.

85. MIOLOS À ASTOR PIAZZOLA

Ingredientes — 2 pares de miolos de boi - 6 colheres de temperal - 2 copos de purê de batatas - 1 copo de tomates picados - 1/2 copo de cebola picada - 1/2 copo de temperos verdes picados - 1/2 pimentão picado - 1/4 de colher (chá) de pimenta-do-reino - 2 dentes de alho esmagados - Sal (se precisar) a gosto.

Modo de preparar — Retire a pele do miolo ainda cru e cozinhe por 30 minutos no temperal e pimenta-do-reino. Retire do fogo. Frite os temperos numa frigideira, derrame sobre os miolos e torne a levar ao fogo, mexendo sempre até misturar. Prove o sal. Retire do fogo, escorra o excesso de água e junte ao purê, esmagando tudo muito bem com garfo. Arme a torta com fatias de pão-sanduíche (uma camada de miolos, outra de pão, outra de maionese). A antepenúltima camada deve ser de pão e a última de maionese. Polvilhe com queijo e salsa picada.

86. MIOLOS À MILANESA

Ingredientes — 2 miolos cozidos - 1 xícara de farinha de rosca - 2 ovos ligeiramente batidos - Óleo Merlin ou margarina - 8 folhas de alface - Sal e pimenta a gosto - 1 pitada de tempero misto.

Modo de preparar — Corte o miolo em pedaços e passe-os na farinha de rosca temperada com sal, pimenta e tempero misto. Passe-os, depois, no ovo batido e novamente na farinha de rosca. Frite até dourar dos dois lados. Sirva quente sobre folhas de alface.

Modo de cozinhar o miolo — Lave-o bem em água corrente e deixe-o de molho em água e sal, na proporção de 1 colher (sopa) de sal para cada litro de água. Escorra e retire a membrana que o envolve com a ponta de uma faca. Coloque o miolo numa panela com uma colher de temperal para cada litro de água, de modo a cobrir o miolo. Quando ferver, ponha em fogo baixo e deixe cozinhar por 25 minutos. Deixe esfriar no próprio líquido, só escorrendo o miolo na hora de fritar.

87. MOLHO PARA POLENTA

Ingredientes — 2 colheres (sopa) de margarina - 2 colheres (sopa) de farinha de trigo - 1 xícara de leite - 1/2 colher (chá) de sal - 1 pitada de pimenta-do-reino - 2 xícaras de tomates picados, sem casca - 1 cebola picada - 3 ramos de manjericão - 1/2 colher (chá) de sal - 1/4 de colher (chá) de bicarbonato de sódio.

Modo de preparar — Derreta a manteiga e junte à farinha, mexendo bem, ainda com a panela no fogo. Retire do fogo e acrescente o leite aos poucos, sem parar de mexer. Leve novamente ao fogo e tempere com sal e pimenta, e continue a mexer até engrossar. Noutra panela cozinhe os tomates, as cebolas e o manjericão durante 5 minutos. Coe a mistura e acrescente o bicarbonato de sódio e o molho branco da outra panela, misturando tudo muito bem. Serve também como cobertura para purê de batatas, suflê de queijo e torta de ovos.

88. MOLHO PARA SALADAS

Ingredientes — 1 colher (sopa) de mostarda em pó - 3 colheres (sopa) de vinho branco seco - 1 gema - 1/2 xícara de azeite - 1/4 de colher (chá) de sal - 1 colher (chá) de cebolinha verde picada - 1 colher (chá) de salsinha - 1 colher (sopa) de suco de limão.

Modo de preparar — Misture a mostarda com o vinho e deixe descansar por 10 minutos. Depois, acrescente a gema e bata bem. Junte o azeite aos poucos, batendo bem. Adicione o sal, a salsinha, a cebolinha e o suco de limão. Leve à geladeira. Use como cobertura para saladas de qualquer espécie.

89. NHOQUE À CAMPOFIORE

Ingredientes — 1kg de batata - 1 colher de molho shoyu - 1 xícara de farinha de trigo - Sal a gosto - 1 ovo inteiro - 1 gema de ovo - 2 colheres (sopa) de margarina - Farinha de trigo para polvilhar - Queijo parmesão ralado - Molho de tomate.

Modo de preparar — Cozinhe as batatas em água com 1 colher de temperal. Deixe esfriar, descasque e passe pelo espremedor, juntando à massa ainda morna a farinha de trigo, o ovo inteiro, a gema, a margarina, e sal a gosto. Misture tudo muito bem. Ponha a massa na mesa polvilhada com farinha de trigo e faça rolinhos de 2 cm de diâmetro por 25 cm de comprimento. Corte em pedaços de 2cm. Ponha tudo em uma panela de água fervendo e cozinhe até que os nhoques subam à superfície. Retire com escumadeira, colocando-os em panela previamente aquecida. Misture o molho de tomate com o shoyu, derrame sobre os nhoques e polvilhe com o queijo parmesão.

90. OSSOBUCO COM ESPAGUETE

Ingredientes — 16 colheres (sopa) de temperal - 2kg de ossobuco de vitela ou boi cortados em pedaços de mais ou menos 7cm - 1/4 de xícara de farinha de trigo - 3 colheres (sopa) de óleo Merlin ou margarina - 1 xícara e meia de caldo de carne - 1/3 xícara de vinho branco - 1/2 pacote de espaguete - 2 colheres (sopa) de salsa picada - 1 colher (chá) de casca ralada de limão - Queijo ralado - Sal e pimenta a gosto.

Modo de preparar — Deixe o ossobuco de molho no temperal. Depois retire-o, salpique com sal e pimenta e passe-o na farinha de trigo. Deixe fritar em fogo brando, mais ou menos 20 minutos, em uma panela grande, dourando de todos os lados. Junte o caldo de carne, o vinho e 1 folha de louro. Levante o fogo e deixe ferver. Tampe e deixe cozinhar mais ou menos 2 horas. Numa outra panela, cozinhe o espaguete como de costume, escorra e deixe esperando. Aí, salpique a salsa e a casca de limão no ossobuco e deixe ferver em fogo baixo por 5 minutos. Depois, despeje-o sobre o espaguete, salpicando o queijo ralado.

91. OVOS À MOZARELA

Ingredientes — 10 fatias de presunto gordo - 10 fatias de mozarela ou queijo fresco - 4 ovos - 1 xícara de leite - Sal a gosto.

Modo de preparar — Unte a forma e forre o fundo com fatias de presunto e, depois, de mozarela. Abra os ovos inteiros por cima e despeje, sobre tudo, o sal misturado ao leite. Tampe a forma e leve ao fogo por 8 a 10 minutos. Se quiser, pode engrossar o leite com uma pitada de maisena.

92. OVOS RECHEADOS

Ingredientes — 8 ovos - 250g de presunto cozido e moído - 1/2 lata de creme de leite - Tempero fondor - Pimentão e salsa à vontade.

Modo de preparar — Cozinhe os ovos por 10 minutos. Deixe-os na água fria para esfriar. Descasque-os. Corte a ponta e retire as gemas sem quebrar a clara. Com uma faca afiada faça pontas na clara, em zigue-zague; encha o ovo com o recheio, de modo a dar com este o formato de um ovo completo.

Recheio — Ponha no liquidificador o presunto e o creme de leite, as gemas e a salsa batidinha. Enfeite os ovos com tirinhas de pimentão, tomate ou rodelas de azeitona.

93. PALMITO À MILANESA

Ingredientes — 1 lata de palmitos picados - 2 ovos batidos - Salsa picada - Sal a gosto - Queijo ralado.

Modo de preparar — Refogue os palmitos numa frigideira. Unte uma forma com manteiga e despeje nela o refogado. Junte aos ovos o sal e a salsa picada e derrame por cima, levando ao fogo baixo por 17 minutos. Sirva quente, polvilhado com queijo ralado.

94. PANELADA À RUBEM FONSECA

Ingredientes — 1 repolho - 1/2kg tomates - 300g de carne assada - 5g de salsa - 50g de presunto - 30g queijo parmesão - 30g de farinha de rosca - 1 pitada de noz-moscada - 1 ovo - 50g de manteiga - 1 cebola - 1 cravo - 4 colheres de temperal - 1 pitada de pimenta-do-reino - Sal a gosto.

Modo de preparar — Lave as melhores folhas do repolho e deixe-as aferventar no temperal. Quando levantar a fervura, tire as folhas e deixe-as esfriar. Pique a carne assada com a salsa e o presunto, junte o queijo ralado, a farinha de rosca, o ovo inteiro, pimenta e noz-moscada e, se precisar (prove), sal. Misture tudo. Estenda as folhas de repolho sobre a mesa e coloque um pouco do recheio no centro de cada uma. Se sobrou repolho, este pode ser picado e fazer parte do recheio. Dobre as folhas e feche com palitos. Leve ao fogo uma panela com a manteiga e a cebola picada. Deixe dourar e junte as trouxinhas, acrescentando os tomates descascados e o cravo. Ponha a pimenta. Vá mexendo devagar, para não desarrumar as trouxinhas de repolho, até o tomate derreter, ficando um molho grosso. Sirva quente.

95. PANQUECAS DE ESPINAFRE

Ingredientes — 1 maço de espinafre sem talos - 1½ xícara de leite - 1 xícara de farinha de trigo - 2 colheres (sopa) de margarina derretida - 2 ovos - 1/2 colher (chá) de açúcar - 2 colheres (sopa) de margarina à temperatura ambiente - Sal a gosto - 1 pitada de pimenta-do-reino.

Modo de preparar — Escalde, em água fervente, as folhas de espinafre. Esprema e pique. Numa tigela grande, misture o leite, o sal e a farinha, mexendo bem. Junte depois a pimenta-do-reino e a margarina derretida, batendo tudo muito bem. Em outra tigela, misture os ovos, o açúcar, e junte ao leite com farinha. Aos poucos, e mexendo sempre, acrescente o espinafre. Unte uma frigideira, leve-a ao fogo moderado até aquecer. Espalhe 2 colheres (sopa) de massa na frigideira, formando um círculo de aproximadamente 8cm. Você pode cozinhar 3 a 4 panquecas de cada vez, deixando dourar de 2 a 3 minutos de cada lado. Se for preciso, pode acrescentar mais margarina durante o cozimento. Sirva com molho ou recheie com guisado.

96. PANQUECAS LA GIRONDA

Ingredientes — 1 caneca de óleo Merlin (1 colher de chá para cada panqueca) - 1 caneca de farinha de trigo - 2 colheres (chá) de fermento em pó - 1 colher (chá) de açúcar - 3/4 de caneca de leite - 2 ovos - 3 colheres (sopa) de manteiga - 1/2kg de guisado pronto e 3 ovos picados para o recheio - Sal a gosto.

Modo de preparar — Bata bem os ovos inteiros. Misture com a manteiga e o açúcar. Peneire a farinha e o fermento e acrescente alternadamente com o leite, sem bater, mas mexendo sempre. Em frigideira com óleo quente frite a massa, mais ou menos fina, deixando espalhar por toda a superfície. Deixe corar de ambos os lados. Dá para 12 panquecas. Retire cada porção de massa frita e recheie com o guisado e os ovos picados.

97. PASTÉIS DE QUEIJO

Ingredientes — 1/2kg de farinha de trigo - 2 ovos inteiros - 2 colheres (sopa) de gordura ao natural - 2 colheres (sopa) de cachaça - 1 colherinha de sal dissolvida numa xícara de água fria (salmoura) - queijo cortado em cubinhos.

Modo de preparar — Coloque a farinha peneirada numa vasilha e faça uma depressão no meio. Coloque aí os outros ingredientes (menos a salmoura) e vá amassando. Acrescente a salmoura aos poucos. Amasse com as mãos até obter uma massa lisa e uniforme. Sove bem, rasgando a massa com as mãos. Junte os pedaços, amasse, bata sobre a mesa até obter uma massa bem macia, que despregue das mãos. Faça uma bola, cubra-a com um pano e deixe descansar pelo menos 1 hora. Abra a massa com o rolo (ou máquina de macarrão) sobre uma superfície enfarinhada. Corte os pastéis, coloque os cubinhos de queijo no centro, feche e aperte bem as beiradas, apertando-as com um garfo. Frite-os em gordura quente. Coloque-os sobre papel absorvente para retirar o excesso de gordura.

98. PASTELÃO MADRÁS

Ingredientes — 3 canecas de farinha de trigo - 1 colher (sopa) de fermento em pó - 12 colheres (sopa) de margarina - 1 ovo - 6 colheres de temperal.

Modo de preparar — Junte os ingredientes secos e peneire. Junte a margarina e esmague com o garfo. A seguir acrescente o ovo e o temperal até a massa ligar, mexendo bem. Se for preciso, ponha um pouco de água. Deixe descansar na geladeira por 15 minutos. Sem untar a assadeira, forre-a com parte da massa estendida a rolo na mesa enfarinhada. Recheie e cubra com a outra parte da massa, levando ao forno em temperatura média. Antes de levar ao forno, prove o sal da massa.

Ingredientes do recheio — 700g de carne moída - 300g de proteína de soja texturizada - 4 tomates - 3 cebolas picadas - 10 colheres de óleo Merlin - Alho e tempero verde picados - 8 colheres de temperal - Sal (se precisar) a gosto.

Modo de preparar o recheio — Refogue a cebola picada e os tomates, sem pele nem sementes. Junte a carne e a proteína (antes, deixe-as de molho no temperal durante uns 15 minutos). Refogue bem até cozinhar, juntando os demais temperos.

99. PATÊ DE GALINHA E SOJA

Ingredientes — 1 peito de galinha - Fígado de galinha, em peso igual ao do peito - 300g de soja em grãos - 1 colher (sopa) de manteiga - 1 galho de salsa - 1 galho de cebolinha verde - 2 dentes de alho - Sal a gosto.

Modo de preparar — Deixe a soja de molho de um dia para outro. Depois, passe no liquidificador e retire a parte sólida para aproveitar. Ferva o peito e o fígado em água até amaciar. Desosse e desfie o peito. Ponha no liquidificador o peito, o fígado, a água que estava na panela, a salsa, a cebolinha, o alho. Bata até formar uma pasta. Ponha tudo de volta na panela, acrescente a manteiga e o sal. Prove o sal. Deixe ferver em fogo lento até obter consistência. Depois, adicione a parte sólida da soja. Mexa bem. Conserve em geladeira.

100. PEITINHOS À VENEZA
Especial para regimes

Ingredientes — 3 peitos de frango sem pele e desossados - 2 colheres (sopa) de margarina - 1 colher (sopa) de cebola picada bem miudinho (ou ralada) - 1 xícara de salsão cortado em tiras - 1½ colher (chá) de molho shoyu - 1/2 colher (chá) de canela em pó - 2 colheres (chá) de maisena - 1 xícara de abacaxi fresco, aferventado e cortado em cubos - Sal a gosto.

Modo de preparar — Corte cada peito de frango em 20 pedaços, salpique com sal e deixe 40 minutos salgando. Aqueça a margarina em fogo forte, numa frigideira grande, junte o frango picado e frite por 3 minutos, mexendo sempre. Adicione a cebola, o salsão, o pimentão e deixe cozinhar mais 2 minutos. Junte o abacaxi, o molho shoyu, a canela e 1/4 de xícara do caldo do abacaxi.

Misture bem, tampe e cozinhe por mais 4 minutos. Misture a maisena com 2 colheres (sopa) de água fria e ponha na frigideira, mexendo sem parar até que engrosse.

101. PEITO DE FRANGO AO MOLHO DE IOGURTE
Especial para regimes

Ingredientes — 1 peito de galinha - 1/4 de cebola - 2 colheres de temperal - *Para o molho:* 1 colher (sopa) de iogurte natural - 1 colher (chá) de maionese - 2 colheres de temperal - 1/2 colher (sopa) de pimentão picado.

Modo de preparar — Ponha 1½ xícara de água a ferver e acrescente a cebola e o temperal. Junte, depois, a carne e deixe ferver com a panela tampada até que fique cozido. Prove o sal. Se for preciso, adicione mais água. Deixe esfriar e desfie a carne. Misture, numa tigela, o pimentão, o temperal, o iogurte, a maionese. Prove o sal. Misture a carne desfiada. Este prato é indicado para pessoas que desejam emagrecer.

102. PEIXE CAUCASIANO

Ingredientes — 1kg de filé de merluza - 8 colheres (sopa) de temperal - Manteiga - Sumo de 1 limão - Sal e pimenta a gosto.

Modo de preparar — Ponha o peixe de molho no temperal e no limão, pimenta e sal (se necessário mais sal) durante meia hora. Corte quadrados de papel-alumínio e unte-os com bastante manteiga. Corte o peixe em pedaços e coloque-os sobre os quadrados de papel, besuntando-os também com manteiga. Faça pacotinhos e arrume-os na forma untada. Leve ao fogo brando por mais ou menos 30 a 35 minutos. Sirva no papel para não perder o sabor e o aroma. Se quiser incrementar o sabor, sirva este prato acompanhado de maionese com queijo ralado e salsa picada, e arroz branco soltinho.

103. PEIXE COM CENOURAS
Especial para regimes

Ingredientes — 1/2kg de filé de peixe - 1 pitada de páprica doce - 1 pitada de pimenta-do-reino - 4 colheres (chá) de sumo de limão - 4 cenouras cortadas em tirinhas - 1 pimentão verde cortado em rodelas - Sal a gosto.

Modo de preparar — Corte papel de alumínio em 4 tiras com 35cm de comprimento. Coloque cada filé sobre 1 tira e tempere com sal, pimenta-do-reino, páprica e sumo de limão (1 colher de chá para cada filé). Divida as cenouras e as rodelas de pimentão em 4 porções e espalhe sobre cada pedaço de peixe. Feche as 4 extremidades do papel de alumínio e aperte bem, colocando em assadeira e levando ao forno quente por 25 minutos.

104. PEIXE ESTUFADO COM REPOLHO
Especial para regimes

Ingredientes — 1 peixe de 2 a 3kg, limpo e descamado - Sumo de 1 limão - Sal a gosto - 1 cebola picada - 2 tomates picados - 1/2kg de cenouras cozidas - Repolho: as folhas externas, mais escuras.

Modo de preparar — Tempere o peixe com o sal e o sumo de limão. Forre uma panela levemente untada com folhas de repolho, coloque por cima o peixe inteiro e cubra com nova camada de folhas de repolho. Tampe a panela com um guardanapo, ponha a tampa e leve ao fogo brando, cozinhando por 40 minutos. Depois acrescente a cebola, os tomates, e deixe cozinhar por mais 20 minutos. Sirva adornado com as cenouras cozidas cortadas em tiras.

105. PEIXE COM LEGUMES

Ingredientes — *Para o recheio:* 1 colher (sopa) de farinha de soja torrada - 1 colher (sopa) de farinha de mandioca - 2 colheres (sopa) de queijo ralado - 1 colher (sopa) de cebola picada - 1 colher (sopa) de tomate picado - 1 colher (sopa) de salsa e pimentão picados em partes iguais - 1 pitada de pimenta vermelha - Sal a gosto - *Para o peixe:* 1 peixe de 2 a 3kg - 2 dentes de alho - 2 colheres (sopa) de sumo de limão - 1 pitada de pimenta - 1 copo de tomates picados - 1/2 copo de cebola picada - 1 colher de pimentão picado - 1 molho de tempero verde sem picar - 1 galho de manjerona - Sal a gosto.

Modo de preparar — Depois de escamar e estripar o peixe, lave-o bem. Tempere com sal, alho, limão e pimenta. Pegue todos os ingredientes do recheio, bem picadinhos, coloque-os no ventre do peixe e costure com linha dupla. Ponha o peixe num recipiente com tampa. Antes de fechar, junte o resto dos ingredientes. Feche bem e cozinhe em banho-maria por mais ou menos 90 minutos. Sirva adornado com cenouras cozidas cortadas em tiras, batatas cozidas e descascadas e farofa.

106. PEIXE À MODA CHIHUAHUA
Especial para regimes

Ingredientes — 1 peixe grande - 1 cebola - 1 galho de salsa - Coentro - Sumo de 1 limão - 4 tomates - 4 colheres de temperal - 1 colher (chá) de sálvia em pó - 1 alface - 6 batatas cozidas - 1 colher (sopa) de manteiga - 1 colher (sopa) de vinagre.

Modo de preparar — Esfregue o peixe limpo com o temperal e o limão. Se gosta bem salgadinho, acrescente um pouco mais de sal. Faça cortes ao longo do dorso do peixe, ponha tempero e deixe-o de molho no temperal. Depois leve-o com tempero e tudo, e regado com óleo Merlin, em assadeira no forno quente, regando de quando em quando com o temperal. Quando estiver quase pronto, junte pedaços de tomate sem pele e sem sementes. Quando estiver dourado, coloque-o num pirex guarnecido com as folhas da alface, rodeando com as batatas cozidas. Retire o molho da assadeira e ponha numa panela, juntando a manteiga e o vinagre. Deixe o molho ferver durante 3 minutos e despeja por sobre o peixe e as batatas.

107. PEIXE À JAVANESA

Ingredientes — 1 tablete de caldo de carne - 1/2 xícara de água fervente - 1 prato fundo de sobras de arroz - 1 colher (café) de mostarda - 1 xícara de peixe desfiado e cozido - Salsa picada - Queijo ralado.

Modo de preparar — Dissolva o caldo de carne em água fervente na panela, junte o arroz e deixe cozinhar com a panela tampada até a água secar. Depois junte a mostarda misturada com o peixe. Cozinhe por mais 5 minutos. Tire do fogo. Junte a salsa. Arrume na travessa e polvilhe com queijo.

108. PEIXE AO VAPOR
Especial para regimes

O método correto de preparar o peixe ao vapor é à moda polinésia: temperar o peixe apenas com sal, colocá-lo em uma panela de barro com tampa lacrada com arame e enterrá-la na cinza quente rodeada de brasas. Ou (sem precisar lacrar a tampa) colocar a panela de barro no forno. Devido às peculiaridades do gosto brasileiro, contudo, apresentamos outra receita. Para pessoas que estão em regime alimentar, o molho não é aconselhável, podendo ser substituído por molho shoyu.

Ingredientes — *Para o molho:* 1 copo de tomates picados - 1 copo de cebola picada - 1/2 copo de óleo Merlin - 1 copo de vinho - 2 dentes de alho - 1 pimentão - 2 folhas de louro - 1 pitada de pimenta vermelha - 1 molho de tempero verde picado - Sal a gosto - *Para o peixe:* 1 peixe de 2 a 3kg - 2 colheres de óleo Merlin - 4 colheres de leite - 1 pitada de açúcar - 1 galho de salsa - 2 colheres (sopa) de sumo de limão - Sal a gosto.

Modo de preparar — *O molho:* Levar o óleo ao fogo, juntar todos os ingredientes (menos o vinho) picados e refogar bem. Depois acrescente o vinho e deixe ferver alguns minutos. *O peixe:* Tempere-o com sal e limão. Ponha-o em recipiente fechado, que possa ir ao banho-maria, acrescentando todos os ingredientes por cima. Tape o recipiente e deixe cozinhar em banho-maria mais ou menos 1 hora. Examinar para ver se está bem cozido e provar o sal. Servir com o molho e batatas cozidas.

109. PICLES DE CASCA DE MELANCIA

Ingredientes — 1kg de casca de melancia - 4 xícaras de água - 1/4 de xícara de sal - 2 xícaras de açúcar - 1 xícara de vinagre branco - 1 xícara de água - 5 paus de canela - 1½ colher (chá) de cravos-da-índia - 1/2 limão cortado em rodelas finas.

Modo de preparar — Use apenas a parte branca da melancia, entre o vermelho e a casca. Corte em quadradinhos de 2cm, até obter 6 xícaras. Misture 4 xícaras de água com o sal e despeje sobre a casca até cobrir. Deixe descansar de um dia para o outro. Depois escorra e enxagüe a casca. Cubra com água fria e leve ao fogo, cozinhando em panela tampada até ficarem macias (mais ou menos 25 minutos). Escorra e reserve. Misture o açúcar, o vinagre, 1 xícara de água, a canela e os cravos, cozinhando em fogo brando, sem tampar, por 10 minutos. Coe e junte a casca reservada e o limão, levando novamente ao fogo, cozinhando em panela tampada por 25 minutos, até que os quadradinhos fiquem bem claros. Coloque os quadradinhos e o caldo em vidros esterilizados, deixando 1cm livre na parte de cima. Feche bem e cozinhe em banho-maria por 5 minutos.

110. PICLES DE PEPINO

Ingredientes — 1kg e 200g de pepinos - 2 xícaras de vinagre - 1½ xícara de água - 1 xícara de açúcar - 3/4 de xícara de mostarda - 2 colheres (chá) de sal.

Modo de preparar — Lave os pepinos e corte em rodelas de 1/2cm de espessura, até conseguir aproximadamente 8 xícaras de rodelas, e reserve. Leve ao liquidificador o vinagre, a àgua, o açúcar, a mostarda e o sal, bata bem e despeje numa panela, levando ao fogo até ferver. Coloque as rodelas de pepinos em vidros especiais esterilizados e quentes, deixando 2cm livres na parte de cima, e despeje o líquido quente sobre as rodelas, deixando 1cm livre na parte de cima. Coloque as tampas e feche bem. Cozinhe em banho-maria por 5 minutos, começando a contar os minutos a partir do instante em que a àgua levantar fervura.

111. PIMENTA DE SEMENTES DE MAMÃO

As sementes de mamão substituem perfeitamente a pimenta-do-reino, quando preparadas da seguinte maneira: deixe as sementes secarem. Torra e moa com rolo de massa ou pilão. Se quiser, misture um pouco de pimenta preta em pó.

112. PIZZA FINGIDA

Ingredientes — Fatias de pão amanhecido - 4 tomates . 1 dente de alho . 1 colher de óleo Merlin - Sal, pimenta e orégano a gosto - Fatias de mozarela - 4 ovos - 1 colher (sopa) de farinha de trigo.

Modo de preparar — Unte a forma. Coloque as fatias de pão, sem casca, umas junto das outras, na forma. À parte, bata no liquidificador os tomates e o alho, juntando, depois de batido, o sal, a pimenta, o orégano e o óleo Merlin. Derrame sobre as fatias de pão. Ponha as fatias de mozarela por cima. Bata 4 ovos, com uma pitada de sal e a farinha de trigo. Despeje por cima, tampe a forma e asse em fogo brando por 12 minutos.

113. PIZZA DE MOZARELA

Ingredientes — 250g de farinha de trigo - 1/2 copo de leite - 3 colheres (chá) de fermento em pó - 3 colheres (sopa) de óleo Merlin - Sal a gosto.

Modo de preparar — Dissolver o fermento no leite. Misture todos os ingredientes e sove bem, até a massa ficar lisa. Deixe descansar por 1 hora. Estenda a massa e coloque em forma untada. Espalhe o molho por cima e cubra com fatias de mozarela e atum. Regue com um pouco de óleo e tampe a forma, assando em fogo brando por 12 minutos.

Ingredientes do molho — 3 tomates picados - Pimenta e sal a gosto - 1 dente de alho esmagado - 1 colher (chá) de orégano - Passe tudo no liquidificador.

114. PRESUNTADA DE ESPINAFRE

Ingredientes — 2 maços de espinafre cozido, escorrido e picado - 1 colher (chá) de casca ralada de limão - 1 pitada de noz-moscada - 1 colher (sopa) de manteiga derretida - 1 pitada de pimenta-do-reino - 12 fatias de presunto cozido - 1 xícara de creme de leite - 2 colheres (sopa) de mostarda em grão ou em pó - 1/4 de xícara de farinha de rosca - 1/4 de xícara de queijo parmesão ralado - Sal e pimenta a gosto para o creme de leite - Sal a gosto para o espinafre.

Modo de preparar — Numa tigela, misture o espinafre, a casca de limão e a noz-moscada. Adicione a manteiga, o sal e a pimenta, e misture tudo muito bem. Espalhe esta mistura de modo uniforme sobre as fatias de presunto, enrolando e fechando as pontas com palitos. Arrume os rolos numa forma de papel de alumínio descartável, untada com manteiga. Misture, à parte, o creme de leite com os temperos e coloque às colheradas sobre os rolinhos de presunto. Misture a farinha de rosca com o queijo e salpique sobre o presunto. Leve ao forno moderado sem tampar, durante 35 minutos.

115. PUDIM DE MILHO VERDE

Ingredientes — 2 canecas de milho verde ralado - 2 ovos batidos - 1 colher (sopa) de manteiga - 2 canecas de leite - 1 tablete de caldo de galinha.

Modo de preparar — Dissolva o tablete de caldo de galinha no leite morno e deixe esfriar um pouco. Misture todos os ingredientes. Ponha tudo em forma untada e coloque em banho-maria, em forno moderado, deixando cozinhar por 45 minutos. Sirva com carne e arroz branco.

116. PURÊ À MARIA HELENA

Ingredientes — 2kg de batatas - 1/2 litro de leite - 1 25g de manteiga - 1 ramo de tomilho - 1 dente de alho - 1 pitada de pimenta-do-reino - Sal a gosto.

Modo de preparar — Descasque as batatas, corte-as em quatro partes, Coloque-as numa panela com o tomilho e o alho, cobrindo de água e juntando sal a gosto. Leve ao fogo e, assim que abrir fervura, baixe o fogo e deixe cozinhar por 20 minutos. Escorra as batatas e passe-as no espremedor. Junte metade da manteiga e misture com colher de pau, juntando pouco a pouco o leite fervente, sem parar de misturar. Junte finalmente a manteiga restante, bata bem e sirva.

117. QUICHE LIBANÊS

Ingredientes — 1 copo de queijo-prato ou mineiro - 1/2 copo de cebola picada - 1/2 copo de cogumelos picados - 2 copos de leite - 4 ovos - 1/2 pimentão picado - 1/2 copo de farinha de trigo - 2 medidas-padrão de fermento Royal - 1 pitada de páprica - Sal a gosto.

Modo de preparar — Unte uma forma ou pirex com margarina. Distribua o queijo, a cebola, os cogumelos de modo parelho sobre o fundo da forma. Bata o leite com os ovos, o pimentão, a farinha e o fermento, até que fique tudo bem misturado. Despeje a mistura por sobre os ingredientes na forma. Polvilhe com páprica. Asse em forno moderado até dourar. Deixe esfriar um pouco antes de servir.

118. REFOGADO À POPEYE

Ingredientes — Talos de um maço de espinafre, cortados em pedaços - 2 colheres (sopa) de margarina - 1/2 cebola picada - 1 dente de alho amassado - 1 colher (sopa) de sumo de limão - 3 fatias de toucinho defumado bem picadinhas - 1 pitada de pimenta-do-reino - Sal a gosto.

Modo de preparar — Retire os fiapos dos talos de espinafre. Deixe a margarina ferver numa panela e frite o alho e a cebola até dourar. Acrescente os talos de espinafre e tempere a gosto, com sal e pimenta. Diminua a chama, tampe e cozinhe por 30 minutos. Depois respingue com o suco de limão. Junte o toucinho e deixe dourar.

119. REPOLHO À TOULOUSE-LAUTREC

Ingredientes — 2 xícaras de repolho picado bem fino - 1 xícara de leite quente - 2 colheres (sopa) de queijo ralado - 1 colher (sopa) de farinha de trigo - 1 colher (sopa) de manteiga - 2 gemas batidas - 2 claras batidas - 1 cebola - Sal a gosto.

Modo de preparar — Junte o repolho, o leite, o queijo, a farinha de trigo, a manteiga, o sal e as gemas e a cebola picada. Mexa tudo muito bem. Acrescente as claras devagar para não baixarem. Coloque a mistura em forma untada e leve ao forno moderado até cozinhar bem. Sirva bem quente.

120. ROLLERBALL DE CEBOLAS

Ingredientes — 8 cebolas grandes descascadas - 1 litro de caldo de carne. *Para o recheio:* 50g de toucinho picado - 2 colheres (chá) de margarina - 1 cebola picada - 1 cenoura ralada grossa - 1 galho de salsa picada - 300g de carne moída - 1 colher (chá) de mostarda - 2 gemas - 1/2 colher (chá) de alecrim - 1 pitada de pimenta-do-reino - Sal a gosto - Um pouco de leite.

Modo de preparar — Corte uma tampinha de cada cebola e reserve. Com uma faca bem fina retire um pouco da polpa e reserve. Aqueça o caldo de carne numa panela, junte as cebolas e cozinhe-as por 20 minutos. Retire as cebolas e deixe esfriarem, reservando o caldo. Para o recheio, frite o toucinho numa frigideira até ficar transparente, junte a margarina, a cebola picada, a cenoura e o galho de salsa e frite mexendo bem. Depois de frito, retire do fogo e reserve. Coloque no liquidificador as polpas retiradas das cebolas, a carne moída, os ingredientes da frigideira, a mostarda e as gemas e bata até formar um purê. Adicione o suficiente de leite para que a mistura fique homogênea e consistente. Tempere com sal, pimenta e alecrim, e mexa bem. Distribua o recheio entre as cebolas e coloque novamente a tampinha. Unte com margarina uma forma refratária e coloque aí as cebolas, uma ao lado da outra, respingando-as com 2 colheres (sopa) do caldo de carne que estava reservado. Aqueça o forno em temperatura moderada e asse as cebolas durante 60 a 70 minutos, regando-as de quando em quando com o caldo. Acompanha arroz branco e carne assada.

121. SALADA À LIBERTADOR

Ingredientes — 1kg de batatas cozidas com casca - 1 xícara de creme de carne (veja receita nº 51) - 1 xícara de maionese D'Angeli (ver receita nº 81) - 1/2 xícara de tomates picados - 1 xícara de legumes sortidos (ervilha, vagem, cenouras, etc.) - 1 cebola picada - 1/2 pimentão picado - 2 colheres (sopa) de sumo de limão - 1 pitada de pimenta-do-reino - Sal a gosto.

Modo de preparar — Retire a casca da batata após cozinhar, corte em quadradinhos, junte os outros ingredientes e misture bem. Arrume em saladeira, decorando com queijo, presunto e salsa picados.

122. SALADA À QUINTA AVENIDA
Especial para regimes

Ingredientes — 4 batatas médias cozidas a vapor - 2 ovos cozidos e picados - 2 talos de salsão picados - 1 cebola picadinha - 1 pepino picado - 2 molhos de salsa picadinha - 1/2 copo de sementes de girassol - 1 copo de iogurte natural - Suco de 1 limão - Cominho, páprica e sal a gosto.

Modo de preparar — Pique as batatas com casca numa tigela grande. Junte os ovos, o salsão, a cebolinha, o pepino, a salsa e as sementes de girassol. Numa tigela à parte, misture o iogurte, o limão e o cominho. Misture bem. Coloque a mistura do iogurte sobre a mistura da batata. Misture tudo e adicione a páprica.

123. SANDUÍCHE ENROLADO

Ingredientes — 1 pão de forma inteiro - 2 latas de patê de presunto - 1/2 xícara de maionese - 1 pimentão verde cortado em tiras - 50g de azeitonas picadas - 100g de ameixas pretas secas picadas - 2 tomates picados.

Modo de preparar — Retire a casca do pão e corte-o formando um retângulo com 1cm de espessura, aproximadamente. Coloque-o bem aberto sobre uma toalha úmida e espalhe o patê misturado com a maionese em toda a superfície. Faça fileiras dos ingredientes picados, alternando pimentão, azeitona, ameixa e tomate, deixando um espaço de 2cm entre as fileiras. O pão, umedecido pelo guardanapo, estará maleável. Enrole-o como rocambole, apertando para grudar. Torne a enrolar no guardanapo ou toalha úmida e deixe na geladeira até o dia seguinte. No momento de servir, passe uma camada de maionese sobre o rocambole e corte em rodelas finas.

124. SANDUÍCHE AO FORNO

Ingredientes — 12 fatias de pão de forma - 1 lata de patê de presunto - 1/2 xícara de picles - 1/2 xícara de maionese - 12 fatias de queijo - 6 rodelas de tomate - 6 fatias de pão de carne - 1 colher (sopa) de margarina derretida.

Modo de preparar — Espalhe a maionese nas fatias de pão. Cubra a metade das fatias de pão com as fatias de queijo. Cubra com patê e as rodelas de tomate. Ponha os picles e as fatias de pão de carne. Coloque por cima mais uma fatia de queijo e cubra com o pão restante. Pincele com margarina derretida e leve ao forno até dourar ligeiramente.

125. SARDINHAS À CÔTE-BASQUE

Ingredientes — 1 lata de sardinhas - 2 ovos cozidos, picados - 1 colher (chá) de manteiga - 1 molho de tempero verde picado - 1 tomate picado - 2 colheres (sopa) de queijo ralado - 6 cebolas - Queijo ralado - 1 colher (sopa) de temperal.

Modo de preparar — Amasse as sardinhas com um garfo, junte os ovos cozidos, a manteiga, tempero verde, tomate e as 2 colheres de queijo ralado. Descasque as cebolas inteiras e corte-as ao meio; com uma faca pequena, retire o miolo das cebolas, colocando o recheio no lugar. Unte a forma e coloque nela as cebolas, uma ao lado da outra. Regue com 1 colher de temperal, polvilhe com queijo ralado. Leve ao fogo brando por mais ou menos 30 minutos.

126. SOPA ASTURIANA

Ingredientes — 1 cebola picada - 1 xícara de milho verde - 2 xícaras de água fervente - 2 colheres (sopa) de manteiga - 2 xícaras de leite - 1 colher (sopa) de maisena - 4 colheres de temperal.

Modo de preparar — Misture a cebola, o milho verde (ralado) e a água. Junte a farinha dissolvida na manteiga e o temperal. Acrescente por último a maisena dissolvida no leite. Leve ao fogo e deixe engrossar, mexendo sempre. Ao servir, polvilhe com queijo ralado. Acompanha pão torrado.

127. SOPA BERNARD SHAW
Especial para regimes

Ingredientes — 3 batatas picadas - 1 cebola picada - 1 copo de salsão picado - 1 colher (sopa) de temperal - 2 copos de água - 2 colheres (sopa) de salsa picadinha - 2 copos de leite - 1 pitada de páprica - 1 pitada de endro - 1/4 de copo de iogurte natural

Modo de preparar — Junte numa panela as batatas, a cebola, o salsão e a água, tampando e deixando cozinhar em fogo brando por 20 minutos. Depois, ponha no liquidificador a salsa, o líquido da sopa e metade da sua parte sólida, batendo bem e tornando a colocar tudo na panela. Junte o temperal, o leite, a páprica e o endro. Esquente sem deixar ferver. Sirva em pratos fundos, juntando um pouco de iogurte a cada porção e polvilhando com queijo ralado.

128. SOPA DE SOBRAS

Ingredientes — Cascas de batatas e cenouras passadas no liquidificador - Sobras de arroz, massa ou feijão - 1 colher (sopa) de óleo Merlin - 1 cebola picada - 1 dente de alho socado - 1½ litro de água fervente - 1 tablete caldo de carne - 1 ovo.

Modo de preparar — Junte todos os ingredientes, menos o ovo, e deixe ferver, mexendo sempre. Quando estiver quase pronto, junte o ovo dissolvido em um pouco d'água e mexa até ferver. Polvilhe, na hora de servir, com queijo ralado. Se houver feijão na sopa, não acrescente o ovo.

129. SOPA DE TUTANO À THERMIDOR

Ingredientes — 1/2kg de tutano (se não encontrar, pode ser 1kg de osso com tutano para sopa) - 1kg de batatas - 1½ litro de água - 1 cebola - 3 colheres (sopa) de maisena - 1 caneca de leite - 1 gema - 4 colheres de temperal - Queijo ralado.

Modo de preparar — Deixe o tutano ferver com a cebola, retirando, de quando em quando, a espuma com escumadeira. Junte as batatas picadas até cozinhar bem. Depois, passe-as no espremedor, na peneira ou no liquidificador. Ponha-a outra vez na panela e junte o temperal. Misture o leite e deixe ferver um pouco. Dissolva a maisena num pouco de água fria e junte à sopa, mexendo até engrossar. Adicione um pouco de pimenta, a gosto. Dissolva a gema em um pouco d'água e ponha na sopa, juntamente com o queijo ralado, mexendo sempre. Prove o sal. Sirva bem quente, com pão fresco ou torrado.

130. TALOS DE BRÓCOLIS À MAIONESE

Ingredientes — Talos de brócolis (sobras; se não houver, pode ser 1 maço de brócolis) - 1/2 colher (chá) de orégano - 1/2 xícara de maionese D'Angeli - 1/4 de xícara de queijo ralado - 1 colher (sopa) de leite - Sal a gosto.

Modo de preparar — Cozinhe os brócolis, retirando as fibras dos talos, em água com sal e orégano. Escorra bem. Numa panela pequena, coloque a maionese, o queijo e o leite. Mexa sobre fogo lento, até que o queijo derreta. Despeje sobre os brócolis quentes.

131. TALOS DE ESPINAFRE AO MOLHO

Especial para regimes

Ingredientes — Talos de 2 maços de espinafre - 4 colheres (sopa) de margarina - 1 cebola picada - 1 pimentão picado - 3 tomates, sem pele, picados - 2 colheres (sopa) de manjericão picado - 1 pitada de pimenta-do-reino - 3/4 de xícara de leite coalhado (ou 1 copo de iogurte natural) - Sal a gosto.

Modo de preparar — Retire as fibras dos talos e corte-os em pedaços. Cozinhe-os em água temperada com sal até que fiquem ligeiramente macios. Escorra e reserve. Derreta a margarina numa frigideira, junte a cebola e o pimentão, mexendo freqüentemente e, antes de dourar, acrescente os tomates e o manjericão, deixando cozinhar por 2 minutos sem parar de mexer. Junte os talos, abaixe o fogo e cozinhe por mais 2 minutos. Tempere com sal e pimenta. Junte o leite talhado (ou iogurte), mexa mais 1 minuto.

132. TEMPERAL

Este é um tempero de fabricação doméstica que serve para qualquer tipo de prato salgado. Deve-se levar todos os ingredientes ao liquidificador e, depois, guardar em vidro bem tampado na geladeira. Salvo indicação específica, usar, em média, 8 colheres de sopa por quilo de carne.

Ingredientes — 1kg de cebolas - 1 cabeça de alho - 1 colher de sopa de raiz de gengibre, ralada - 1 xícara de azeite - 1 xícara de vinagre - 4 colheres (sopa) de sal - 1 colher (sopa) de pimenta - 4 colheres (sopa) de molho shoyu - 1 colher (sopa) de tempero misto - 1 colher (sopa) de sálvia.

133. TEMPERAL PARA AVES

Este molho pode ser usado em qualquer receita de aves, substituindo o tempero comum. A dose é para uma ave de aproximadamente 1,8kg.

Ingredientes — 1 xícara de vinho branco seco - 1/2 xícara de vinagre - 1 dente de alho socado - 2 colheres (sobremesa) de sal - 1 galho de tempero verde picado - 1 colher (chá) de pimenta-do-reino - 1 galho de alecrim picado - 1 folha de louro picada.

Modo de preparar — Passe tudo no liquidificador.

134. TEMPERAL PARA PEIXE

Este molho pode ser usado em qualquer receita de peixe, substituindo o tempero comum.

Ingredientes — 1 copo de suco de limão - 1 copo de vinho (branco ou tinto) - 2 copos de vinagre - 1 colher (sopa) cheia de sal - 1 colher (sopa, rasa) de açúcar - 1 colher (chá) de pimenta-do-reino - 1 colher (chá) de canela em pó - 1 colher (chá) de noz-moscada em pó ou ralada - 1 colher (chá) de cravo-da-índia em pó, ralado ou esmagado - 1 pimentão vermelho - 15 dentes de alho.

Modo de preparar — Leve tudo ao liquidificador. Guarde em vidro bem arrolhado.

135. TEMPERO BÁSICO PARA PEIXE PREPARADO A SECO

Este molho é para ser usado nas receitas de preparo seco, tais como peixe assado ao forno, grelhado, à milanesa, empanado, etc.

Ingredientes — 1 cebola picada - 1 tomate picado - 1/2 pimentão picado - 2 dentes de alho picados - 1 colher (chá) de farinha de soja - 1 colher (chá) de farinha de trigo - 1 colher (sopa) de massa de tomate - 1 galho de tempero verde picado - Sal e pimenta a gosto - Óleo Merlin.

Modo de preparar — Leve a gordura ao fogo. Junte primeiro a cebola, o tomate, o pimentão e o alho, refogando em fogo brando até amaciar. Torre as farinhas de soja e de trigo e junte, colocando também a massa de tomate e mexendo sempre. Ponha água quente o suficiente para dar ao molho a consistência desejada. Junte, por fim, o tempero verde, o sal e a pimenta. Derrame sobre o peixe quando este estiver pronto.

136. TOMATES RECHEADOS

Ingredientes — 8 tomates - 2 latas de patê de fígado - 1/2 xícara de pepinos em conserva picados - 1 xícara de maionese.

Modo de preparar — Corte uma tampinha de cada tomate e, com uma colherinha, retire a polpa e as sementes (guarde a polpa para fazer massa de tomate ou tempero) e vire os tomates para escorrer. Misture muito bem o patê, o pepino e a maionese e recheie os tomates. Sirva-os sobre folhas de alface, como entrada ou para acompanhar chope ou cerveja.

137. TORTA DE CAMARÃO

Ingredientes — 1 copo de leite - 10 colheres (sopa) de farinha de trigo - 1 colher (sobremesa) de fermento em pó - 1 colher (chá) de sal - 2 ovos - 1/2 xícara de óleo Merlin - 1/2kg de camarões - 1 cebola cortada em rodelas - 1 dente de alho picado - 1 tomate cortado em fatias - 1 xícara de leite - 1 colher (sopa) de maisena - Queijo ralado.

Modo de preparar — Junte no liquidificador o leite, a farinha de trigo, o fermento em pó, o sal, os ovos, o óleo. Bata bem e reserve. Faça, à parte, um refogado com o camarão, a cebola, o alho e o tomate. Dissolva a maisena no leite e junte ao refogado, fervendo até engrossar. Unte a forma com manteiga e despeje nela a massa do liquidificador, espalhando o creme de camarão por cima e polvilhando com queijo. Leve ao fogo brando por 30 a 35 minutos.

138. TORTA DE SARDINHAS

Ingredientes — 1kg de sardinhas frescas - 5 tomates - 1 molho de tempero verde picado - 2 cebolas cortadas em rodelas - 8 colheres de temperal - 1 dente de alho - Sal a gosto - 1 pitada de pimenta-do-reino - 1 folha de louro picado - 1 pitada de orégano - 2 colheres de vinagre - 4 colheres de óleo Merlin.

Modo de preparar — Limpe as sardinhas e tire as espinhas. Tempere com sal (se precisar mais, além do temperal) e pimenta. Forre a forma com rodelas de tomates, depois uma camada de sardinhas, depois uma de cebolas, repetindo as camadas até terminarem os ingredientes. Misture o temperal, o vinagre, o óleo, o alho socado, a pimenta-do-reino, o louro e o orégano, despejando tudo por cima. Depois, ponha o tempero verde. Leve ao fogo baixo durante 35 a 40 minutos. Sirva quente ou frio. Esta receita é ótima para sanduíches.

139. TORTA DE SOBRA DE CASCAS (I)

Ingredientes — 2 copos de casca de batata-inglesa cozida e moída - 1 copo de casca de beterraba (ou outro legume) cozida e moída - 1 copo de casca de tomate moído - 1/2 copo de cebola picada - 1/2 copo de tempero verde picado - 2 colheres (sopa) de pimentão picado - 6 colheres (sopa) de óleo Merlin - 3 dentes de alho picado - Sal e pimenta a gosto.

Modo de preparar — Se as cascas estiverem bem moídas, podem ser passadas no liquidificador. Reunir todos os ingredientes e misturar bem. Dispor em camadas: uma camada desta massa, uma camada de miolo de pão de sanduíche com maionese, etc. Cobrir com maionese e enfeitar com sardinhas picadas. Além do grande valor nutritivo, esta torta é realmente saborosa e ideal para lanches, café, etc.

140. TORTA DE SOBRA DE CASCAS (II)

Ingredientes – Os mesmos da torta anterior - 3 ovos - 1 copo de pão velho embebido em leite e bem espremido - Queijo ralado.

Modo de preparar – Bater os ovos. Juntar todos os ingredientes (reservando um pouco de queijo) e arrumar em uma forma ou pirex. Levar ao forno quente até ficar bem tostado. Polvilhar, ainda quente, com queijo ralado. Na hora de servir, acrescentar molho branco a gosto.

141. VITELA À GORGONZOLA

Ingredientes – 300 gramas de vitela - 1 cebola grande - 2 dentes de alho - 2 fatias de bacon - 2 colheres (sopa) de farinha de trigo - 100 gramas de nata fresca - 1 colher (sopa) de manteiga - 1/2 xícara de leite - 50 gramas de queijo Gorgonzola (ou outro) - Sal e pimenta a gosto - 4 colheres de temperal - 2 ovos - Farinha de rosca.

Modo de preparar – Corte a vitela em bifes, no sentido transversal à fibra da carne. Numa panela (de preferência, de ferro) frite na manteiga o alho, a cebola e o bacon. Junte a farinha de trigo e, depois, o leite, juntando por último o temperal, sal e pimenta, mexendo sempre para não encaroçar. Depois, acrescente a nata e o queijo. Retirar quando estiver derretendo. *Para preparar a vitela:* bata as claras em neve e as gemas em separado. Depois misture-as e acrescente sal, mexendo um pouco. Faça as vitelas à milanesa, passando primeiro no ovo, depois na farinha e outra vez no ovo. Depois de frita, coloque o creme sobre ela e polvilhe com queijo ralado, levando ao forno para gratinar.

Pratos especiais

(Ano Novo, Natal, Aniversário, Primeira Comunhão — Pratos para o fim de semana e piqueniques)

142. BATATA AO FORNO

Ingredientes — 2 colheres de temperal - 6 batatas pequenas - 6 ovos cozidos cortados em rodelas - 1/4 xícara de cebolinha verde picada - Sal a gosto, se o temperal for insuficiente - 2 colheres (sopa) de pimentão vermelho picado - 1 lata de sopa de cogumelo - 1/2 xícara de leite - 1 xícara de queijo-prato ralado ou picado - 4 fatias de bacon frito e esfarelado.

Modo de preparar — Ferva 2 xícaras de água com o temperal, junte as batatas, tampe e cozinhe por 25 minutos. Escorra e deixe esfriar um pouco. Descasque as batatas e corte cada uma em 4 partes. Numa forma refratária redonda, com capacidade para 1 litro e meio, arrume, sem untar, camadas de batata, ovo, cebolinha e pimentão. À parte, misture a sopa, o leite, a pimenta, e despeje esta mistura na forma, sobre as camadas. Salpique por cima o queijo e o bacon e leve ao forno moderado, assando sem tampar por mais ou menos 25 minutos. Este prato é excelente para acompanhar carnes.

143. COZIDO À REGGIO DI CALABRIA

Ingredientes — 8 colheres (sopa) de temperal - 4 fatias de bacon - 1/2kg de coxão de dentro cortado em cubinhos - 1 cebola grande cortada em rodelas - 1 copo grande (ou uma lata) de cerveja - 2 colheres (chá) de caldo de carne granulado - 1/2 colher (chá) de tomilho seco - sal e pimenta a gosto - 2 cravos-da-índia, 1 folha de louro - 1 xícara e meia de cenouras cortadas em rodelas - 1/2k de lingüiça calabresa cortadas em rodelas - 1/2 pacote de talharim - 2 xícaras de repolho cortado em tiras - 2 maçãs cortadas em fatias.

Modo de preparar — Frite o bacon numa panela até ficar crocante, retire-o do fogo, escorra em papel absorvente e reserve. Doure a carne na mesma panela em que fritou o bacon e, depois, adicione a cebola, fritando até dourar, *mexendo sempre.* Escorra a gordura. Junte o temperal, 1 xícara de água, a cerveja, o caldo granulado, o tomilho, a pimenta, o cravo-da-índia e o louro. Prove: se faltar sal, adicione a gosto. Após ferver reduza o fogo, tampe e cozinhe por 1 hora. Depois junte a cenoura e a lingüiça, deixando cozinhar por 30 minutos em fogo baixo. Pique o bacon e adicione, juntamente com o macarrão, o repolho e a maçã, cozinhando em fogo baixo com a panela tampada até que o macarrão fique macio. Sirva bem quente.

144. FILÉ DE PEIXE À COIMBRA

Ingredientes — 2 cebolas - 1 pimentão - 4 dentes de alho - 4 colheres (sopa) de óleo Merlin - 3 tomates sem pele, picados - 2 colheres (sopa) de purê de tomate - 1 caixa de filé de merluza congelado - 1/3 de garrafa (pequena) de leite de coco - 1 lata de creme de leite - 1 molho de tempero verde picado bem miudinho - 1 pitada de pimenta-do-reino - 6 colheres de temperal - 1/2 pimenta vermelha - Sal (se precisar) a gosto.

Modo de preparar — Pique as cebolas, o pimentão e o alho bem miúdo e ponha a dourar no óleo. Acrescente os tomates e o purê de tomates, deixando cozinhar até desmanchar. Corte o filé de merluza em tirinhas, pique a pimenta e ponha tudo na panela, deixando cozinhar um pouco, acrescentando a pimenta do reino e o temperal. Prove o sal. Acrescente o leite de coco e torne a provar o sal. Deixe ferver e, quando estiver pronto, acrescente o creme de leite, mexa bem e torne a provar o sal. Deixe ferver um pouco, apague o fogo e acrescente o tempero verde. Excelente acompanhamento para salada de filé de peixe e arroz branco.

145. FRANGO COM BATATA-DOCE

Ingredientes — 1/3 de xícara de trigo para quibe - 3 cebolas cortadas em rodelas - 2 colheres (sopa) de óleo Merlin ou margarina - 1 frango (de mais ou menos 1,5kg) cortado em pedaços - 1 copo pequeno de massa de tomate - 2 cenouras de tamanho médio cortadas em pedaços ou quadradinhos - 1/2 colher (chá) de páprica - 3 batatas-doces cortadas em rodelas - 1 lata de grão-de-bico - 250g de salsichas cortadas em rodelas.

Modo de preparar — Deixe o trigo de molho durante 30 minutos. Frite a cebola até dourar, tire-a da panela e, no mesmo óleo, doure os pedaços de frango (se for necessário, acrescente mais óleo). Escorra o frango e deixe-o à parte. Torne a colocar as cebolas na panela, junte o molho de tomate, 1½ colher de temperal, a massa de tomate, 1 xícara de água, a cenoura, páprica e sal a gosto. Tampe e deixe cozinhar em fogo brando durante meia hora. Escorra o trigo e junte ao molho, bem como a batata-doce e o grão-de-bico com o líquido. Levante o fogo até ferver, torne a baixar, tampe e cozinhe durante mais ou menos meia hora. Derrame tudo sobre o frango. Adicione a salsicha e torne a esquentar tudo.

146. GULASH

Ingredientes — 250g de toucinho defumado - 5 cebolas picadas - 750g de carne cortada em cubos de 2 a 3cm - 3½ colheres (chá) de páprica doce - 1 galho de manjerona - 9 xícaras de água - 4 xícaras de tomates, sem pele, picados - 1/2 xícara de vinho tinto seco - 1½ colher (chá) de sal - 3 colheres (chá) de açúcar - 8 colheres de temperal - 5 batatas descascadas e cortadas em cubinhos - 200g de salsichão cortado em pedaços - 1 xícara de água - 1 colher (sopa) de farinha de trigo - 1/2 xícara de vinho tinto - Sal a gosto - 1 pitada de pimenta-do-reino.

Modo de preparar — Corte o toucinho em cubos de 1cm e frite-os até que fiquem transparentes, mexendo de quando em quando. Retire o toucinho. Deixe a gordura na panela, junte a cebola e a carne cortada, até dourar. Junte a páprica e a manjerona, cozinhando em fogo baixo por 2 minutos, mexendo sempre. Acrescente o temperal e a água, tampe e cozinhe até a carne ficar macia. Adicione os tomates, o vinho e o açúcar e mexa bem, deixando levantar fervura. Baixe o fogo e cozinhe 25 minutos. Junte as batatas e o salsichão, cozinhando até que a batata fique macia. Dissolva a farinha na água, mexendo bem, e derrame lentamente esta mistura na sopa, continuando a cozinhar e mexer até engrossar. Junte o outro vinho e a pimenta, cozinhando mais 5 minutos. Prove o sal. Se necessário, vá salgando até atingir o ponto.

147. LEITÃO DE NATAL

Ingredientes — 600g de carne de porco sem osso - 1 lata de patê de fígado de galinha - 1 molho de espinafre - Sal e pimenta a gosto. *Para a massa folhada:* 1/2 xícara de água - 1/2 colher (chá) de sal - 1/2 colher (sopa) de cachaça Tremapé - 1 colher de óleo Merlin - 100g de margarina - 2 xícaras de farinha de trigo - 1 gema de ovo.

Modo de preparar — Prepare a massa folhada com 2 horas de antecedência. Misture a água, sal, óleo, cachaça e a farinha de trigo, mexendo sempre para não encaroçar, devendo ficar uma massa homogênea que faça bolhas. Deixe descansar por 15 minutos. Com um garfo, amasse a margarina em um prato.

Polvilhe a mesa e abra a massa na espessura de 0,5cm, espalhando a margarina sobre a superfície com uma faca. Polvilhe com farinha de trigo, dobre a massa, torne a passar margarina e polvilhe. Dobre de novo, unte com margarina e polvilhe com farinha de trigo. Leve a massa a gelar embrulhada em pano úmido. Corte a carne em pedaços. Tempere com sal, pimenta-do-reino e sumo de limão. Frite a carne numa panela, virando para cozinhar de todos os lados. Ponha, depois, 4 colheres de temperal. Tire do fogo. Tire as folhas do espinafre, lave e ponha numa panela sem água. Tampe e leve ao fogo brando, cozinhando bem. Escorra e bata bem. Depois, refogue o espinafre, junte o patê e tempere a gosto. Polvilhe a mesa, abra a massa e corte-a em 6 retângulos. Ponha a mistura de patê e espinafre no centro de cada um, mais um pedaço de porco. Una as beiradas da massa, apertando com um garfo. Pincele a massa com a gema e leve ao forno para assar. Quando a massa estiver assada, arrume num prato junto com a carne restante. Se quiser, guarneça com purê de batatas e cenouras cozidas e, depois, fritas na manteiga.

148. LOMBO RECHEADO

Ingredientes — 2kg de lombo de porco - 4 colheres (sopa) de maionese - Sumo de 1 limão - 1 folha de louro - 2 dentes de alho socado - 1/2 xícara de vinho tinto - 1 pitada de pimenta-do-reino - 1 pitada de sálvia - 16 colheres de temperal - *Para o recheio:* 2 xícaras de farinha de milho - Suco de 2 laranjas - 300g de ricota -10 azeitonas verdes picadas - 150g de lingüiça picada - 50g de passas - 1 maçã ácida picada - 1 galho de salsa picada - 1 galho de cebolinha verde picada - 1 pitada de orégano - 8 colheres de maionese - Sal a gosto.

Modo de preparar — Corte o lombo em uma única e grande fatia fina, como se fosse fazer um gigantesco bife enrolado, e deixe-o de molho por 2 horas na mistura de temperal, limão, louro, alho, vinho tinto, pimenta-do-reino, sálvia. Misture o recheio muito bem. Estenda o "bifão" e vá distribuindo o recheio por sobre ele. Depois enrole como rocambole e amarre com barbante fino, terminando por cobrir com as 4 colheres restantes de maionese. Asse em forno médio por cerca de 2 horas a 2 horas e meia. Retire o barbante na hora de servir. Enquanto assa, vá regando a carne, com uma colher, com o tempero em que ela ficou de molho.

149. PATO DE ANO NOVO

Ingredientes — 1 xícara de vinho tinto - 1 xícara de água - 250g de ameixas secas sem caroço - 1 pato novo de mais ou menos 1,8kg - 1 colher (chá) de pimenta-do-reino - 12 colheres de temperal - 3 maçãs ácidas com casca, sem caroço, cortadas em 4 partes cada uma - Suco de 1/2 limão - 2 colheres (sopa) de óleo Merlin - 1/2 xícara de água quente - 2 colheres (sopa) de farinha de trigo - 1/2 xícara de creme de leite.

Modo de preparar — Misture o vinho com a água e deixe as ameixas descansarem nessa mistura por 60 minutos. Ponha o pato de molho no temperal, sal e pimenta. Amarre, com um barbante, as asas e as coxas ao corpo. Respingue as maçãs com o suco de limão. Escorra as ameixas e misture-as com as maçãs. Recheie o pato com 3/4 dessa mistura e costure a abertura. Aqueça o forno. Aqueça o óleo na assadeira no bico do fogão, ponha na assadeira o pato e leve-o ao forno moderado (170 graus), assando por 75 minutos ou até que o pato esteja macio. Regue freqüentemente com o molho e com a água quente. 30 minutos antes do término do cozimento, junte na assadeira o resto da mistura de frutas e asse junto. Retire o pato da assadeira, ponha-o numa travessa. Retire a maior parte da gordura da assadeira, misture a farinha com o creme de leite e mais 1/2 xícara de água quente. Junte ao molho da assadeira, mexendo bem, leve ao fogo lento por 10 minutos. Descosture o pato e cubra-o com o molho. Sirva com purê de batatas.

150. SALADA DE FILÉ DE PEIXE

Ingredientes — 1kg de batata-inglesa miudinha - Maionese D'Angeli - 1 caixa de filé de bonito sólido - 4 cebolas - 1 molho de tempero verde - 8 folhas de alface - 3 tomates picados - Sal e óleo Merlin a gosto.

Modo de preparar — Cozinhe as batatas com casca. Descasque-as e pique-as. Pique também as cebolas, o filé de bonito, o tempero verde, a alface, os tomates, e misture tudo muito bem. Prove o sal. Ponha óleo e torne a misturar. Cubra com maionese D'Angeli.

151. STROGONOFF À NATASHA

Ingredientes — 750g de filé cortado em tiras - 3 colheres (sopa) de manteiga - 2 cebolas picadas - 3 colheres (sopa) de farinha de trigo - 2 xícaras de caldo de carne - 1 colher (sopa) de ketchup - 1 colher (chá) de molho shoyu - 1 pitada de pimenta do reino - 1/2 colher (chá) de manjericão - 1 vidro de 180g de cogumelos - 3/4 de xícara de iogurte natural - Sal a gosto.

Modo de preparar — Derreta a manteiga numa frigideira e frite a cebola até dourar ligeiramente. Junte a farinha e mexa bem. Adicione aos poucos o caldo de carne, sem parar de mexer e, depois, o ketchup, o shoyu, a pimenta e o manjericão. Cozinhe em fogo brando por 15 minutos, mexendo sempre. Em outra frigideira, levemente untada com manteiga, doure o filé já temperado com sal. Junte a carne à panela do molho e acrescente os cogumelos. Verifique os temperos e corrija, se for preciso. Junte o iogurte e aqueça sem deixar ferver. Excelente com arroz branco e salada verde.

152. STROGONOFF BRILLAT-SAVARIN

Ingredientes — 550g de carne de porco sem osso - 1 colher (sopa) de margarina - 2 colheres (sopa) de óleo Merlin - 1 cebola picada - 100g de cogumelos em conserva picados - 4 tomates, sem pele, picados - 1 xícara de caldo de galinha - 250g de creme de leite.

Modo de preparar — Corte a carne em tirinhas e frite por 5 minutos na mistura de óleo e margarina, mexendo de quando em quando. Ao dourar, retire a carne da panela com uma escumadeira, deixando escorrer, e reserve. Frite a cebola na mesma gordura até ficar ligeiramente dourada, junte os cogumelos e deixe fritar por 5 minutos. Adicione os tomates, o caldo de galinha, os temperos, e deixe ferver. Ponha a carne outra vez na panela, tampe e deixe cozinhar mais ou menos 25 minutos. Junte o creme de leite e deixe ferver outra vez. Prove os temperos. Se faltar, adicione temperal. Sirva com salsinha picada por cima.

153. SUPREME DE FRANGO

Ingredientes — 2 peitos de frango cortados em filé - Pimenta-do-reino a gosto - 2 ovos batidos - 1 colher (sopa) de farinha de trigo - 2 colheres (sopa) de farinha de pão velho torrado - 4 colheres (sopa) de óleo Merlin.

Modo de preparar — Com o batedor de carne, bata os peitos de frango e tempere com sal e pimenta. Passe na farinha de trigo, nos ovos batidos, na farinha de pão, novamente nos ovos e na farinha de pão. Frite no óleo quente até ficar dourarinho. Coloque numa travessa e guarneça com batata-palha, palmitos na manteiga e ovos pochê.

154. VITELA COM CENOURAS

Ingredientes — 1kg de carne de vitela - *Para o recheio:* 100g de lombo de porco (ou lingüiça de porco) - 1/2 cebola picada - 1 dente de alho socado - 1 molho de tempero verde picado - 1 ovo - 2 colheres (sopa) de queijo ralado - 1 pitada de pimenta-do-reino - 50g de margarina - 300g de cenoura - 1/2 copo de vinho branco seco.

Modo de preparar — Moa o lombo de porco e misture com a cebola picada, o alho socado e o tempero verde picado. Coloque numa vasilha e misture o queijo ralado, o ovo, sal a gosto e a pimenta-do-reino. Pegue a carne e corte como para um único e grande bife, espalhe o recheio, enrole como para um rocambole e amarre com cordão bem fino. Derreta a margarina numa frigideira e doure o rolo de carne.. Quando estiver bem dourada, acrescente a cenoura cortada em rodelas, 8 colheres de temperal e o vinho. Tampe a frigideira e cozinhe em fogo moderado mais ou menos por 1 hora, até a carne ficar bem macia. Se o molho secar antes de a carne cozinhar, acrescente um pouco de caldo de galinha dissolvido em água quente.

155. VOLAPUQUE

Ingredientes — 350g de carne de porco sem osso - 250g de fígado de porco - 2 colheres (sopa) de margarina - 1 cebola - 2 dentes de alho - 1 colher (sopa) de alcaparras - 3 colheres (sopa) de migalhas de pão velho - 1 ovo batido - 3 colheres (sopa) de caldo de carne - 1 pitada de pimenta-do-reino - Sal a gosto.

Modo de preparar — Pique a carne de porco e o fígado e frite na margarina por 10 minutos, mexendo de quando em quando. Moa numa tigela a cebola, o alho, as alcaparras e o sal, adicionando à carne. Junte as migalhas de pão, o ovo, o caldo de carne e a pimenta-do-reino e coloque tudo numa forma refratária, tudo bem misturado. Ponha a forma numa assadeira com 4cm de água, cubra com papel-manteiga e leve ao banho-maria em forno moderado por 105 minutos.

156. XINXIM DE GALINHA

Ingredientes — 1 galinha nova - 400g de camarões secos picados - 1 colher (sopa) de pimentão ralado - 1 cebola picada - 1 dente de alho socado - 1 molho de tempero verde picado - 200g de amendoim torrado e moído - 200g de castanha de caju torrada e moída - 1 pimenta malagueta - 1 xícara (chá) de azeite de dendê.

Modo de preparar — Ponha numa tigela a cebola, o camarão, o alho, o tempero verde, o pimentão, a pimenta, o sal (a gosto) e soque com pilão de vidro ou madeira. Limpe a galinha, corte em pedaços e esfregue-a com os ingredientes socados. Leve ao fogo numa panela com a metade do dendê e refogue a carne temperada, juntamente com o amendoim e a castanha de caju, até dourar a carne. Deixe cozinhar mais uns 15 minutos, cuidando para não queimar. Depois derrame água quente aos poucos, até ficar macia e com o molho bem consistente. Junte o resto do azeite de dendê e mexa bem. Prove o sal e os temperos. Se faltar, adicione temperal, provando até atingir o gosto desejado. Quando a fervura levantar, retire do fogo. Se usar camarões salgados, deixe-os de molho em água fria por 2 horas, mudando a água de quando em quando.

Biscoitos, bolos, cucas, pães e tortas

157. BISCOITINHOS AÇORIANOS

Ingredientes — 3 ovos - 1/2kg de farinha de polvilho - 1½ caneca de açúcar - 125g de margarina.

Modo de preparar — Misture a margarina com o açúcar, esmagando com o garfo e batendo até formar um creme. Junte os ovos, batendo bem. Acrescente a farinha de polvilho, até que a massa fique lisa (se precisar mais polvilho, use maisena em seu lugar). Polvilhe a mesa e forme rolinhos com a massa, cortando no tamanho desejado (10 a 15cm). Coloque em assadeira rasa, untada, e leve ao forno quente por 15 minutos. Retire da assadeira ainda quentes. Se for preciso guardar em lata fechada, faça-o somente depois que estiverem frios.

158. BOLO DE AMEIXA FRESCA

Ingredientes — 1 xícara de farinha de trigo - 3/4 xícara de açúcar - 2 colheres (chá) de fermento em pó - 1/2 xícara de leite - 3 colheres (sopa) de óleo Merlin - 2 xícaras de ameixas frescas cortadas em fatias (se não houver ameixas frescas, pode ser pêssegos em calda, mas escorridos (1 lata) - 1 xícara de açúcar mascavo - 1 colher (chá) de canela em pó - creme chantilly.

Modo de preparar — Misture a farinha de trigo, o açúcar branco e o fermento em pó e, depois, o leite e o óleo. Bata até conseguir uma massa lisa e despeje-a numa forma refratária quadrada, sem untar. Arrume as fatias de ameixas (ou pêssegos) sobre a massa. Misture, à parte, o açúcar mascavo e a canela, e salpique essa mistura sobre as ameixas. Jogue por cima 1 xícara de água fervendo. Leve ao forno previamente aquecido a uma temperatura moderada e asse por 1 hora, mais ou menos. Sirva quente, com uma cobertura de creme chantilly.

159. BOLO DE BANANA

Ingredientes — 3 canecas de farinha de trigo peneirada - 4 ovos - 3 colheres (sopa) de margarina - 1 colher (sopa) de fermento em pó - 1 caneca de leite - 2 canecas de açúcar - 9 bananas-da-terra - 4 claras - Raspas de limão.

Modo de preparar — Bata bem a margarina com o açúcar. Acrescente, um a um, os ovos inteiros. Junte a farinha de trigo aos poucos, mexendo muito bem. Adicione leite até adquirir a consistência de uma massa leve. Ponha as raspas de limão e o fermento, mexendo suavemente, sem bater. Corte as bananas em tiras, no sentido do comprimento, e ponha sobre o bolo, polvilhando com açúcar. É importante acender o forno antes de começar a misturar os ingredientes, para aquecê-lo. Unte uma forma e polvilhe com farinha de trigo, junte a massa e leve ao forno médio. Depois que o bolo estiver pronto, cobrir toda a sua superfície com as claras em neve, levando ao forno novamente até cozinhar e corar as claras.

160. BOLO DE CENOURA À BOULOGNE

Ingredientes — 3 cenouras pequenas, cruas - 4 ovos - 2 xícaras de açúcar - 2 xícaras de farinha de trigo - 1 colher (sopa) de fermento em pó - 1 copo de caldo de laranja com 3 colheres de açúcar.

Modo de preparar — Corta-se as cenouras em rodelinhas e põe-se no liquidificador, juntando-se em seguida os ovos e o açúcar. Bate-se até liquidificar. Ponha, num recipiente maior, a farinha de trigo peneirada com o fermento. Despeje o conteúdo do liquidificador e mexa com uma colher, até misturar muito bem. Unte a forma com margarina, despeje a massa dentro e leve a assar em forno alto por 40 minutos. Retire, deixe amornar, desenforme. Faça buraquinhos com palitos ao redor do bolo, no alto e nos lados, e vá despejando, aos poucos, com o auxílio de uma colher, o caldo de laranja.

161. CUCA DE UVA

Ingredientes — 4 ovos - 100g de margarina - 3 canecas de açúcar - 1 caneca de leite - 3 canecas de farinha de trigo peneirada - 1 pacote de fermento em pó monopol - 4 cachos de uva preta - 1 pitada de sal - Raspas de casca de 1/4 de limão.

Modo de preparar — Misturar os ovos, a margarina e o açúcar, batendo e unindo bem. Misturar intercalados a farinha e o leite. Acrescentar as raspas de limão e o sal. Por fim, acrescentar o fermento. Colocar em forma untada e, por cima, as uvas salpicadas com açúcar. Assar em forno médio, mais ou menos 40 minutos.

162. LUNAR CHINÊS

Ingredientes — *Para folhear:* 1½ xícara de manteiga - 1/3 de xícara de farinha de trigo. *Para o fermento:* 1 colher (sopa) fermento granulado - 1/2 xícara de água morna - 1/4 de xícara de açúcar - *Para a massa:* 3/4 de xícara de leite - 1 ovo - 1 colher (chá) de sal - 4 xícaras de farinha de trigo - *Para pincelar:* 1 gema - 1 colher (sopa) de leite.

Modo de preparar — Amasse a manteiga com a farinha de trigo, formando uma massa homogênea. Ponha entre dois retalhos de plástico e amasse com as mãos, formando um retângulo de 20cm por 15cm, e leve ao refrigerador por 1 hora. Misture numa tigela o fermento granulado, o açúcar, 1/2 xícara de água morna e 1 colher de óleo. Deixe levedar por 20 a 30 minutos. Misture noutra tigela o leite morno, o ovo, o fermento levedado e 1 xícara de farinha de trigo, mexendo bem. Depois, junte o sal e o restante da farinha de trigo, até que dê para sovar na mesa. Depois de sovar, deixe levedar por 1/2 hora. Abra a massa como um retângulo, que deve ter o dobro do tamanho da massa comprimida no plástico. Coloque na metade da massa a outra massa congelada, dobre a outra parte por cima, apertando bem as beiras para não escapar gordura. Polvilhe a mesa, abra a massa com o rolo e dobre em 3 partes. Torne a abrir com o rolo, dobre outra vez em 3. Repita outra vez a operação, sempre polvilhando a mesa. Se o dia for quente, leve à geladeira por 1 hora. Se for dia frio, deixe apenas 15 minutos. Retire da geladeira e abra a massa em 4 partes, abrindo cada uma em tiras com 5 dedos de largura. Corte em triângulos, enrolando cada um da parte mais larga para a ponta, cuidando para que a ponta fique para baixo. Dê o formato de meia-lua. Ponha na assadeira untada, bem separados um do outro. Pincele com a gema dissolvida no leite e deixe dobrar de volume. Leve ao forno a 250 graus até dourar. Quando a parte de baixo estiver cozida, retire do forno, polvilhe rapidamente com açúcar e canela e ponha na assadeira (parte de baixo do forno), cuidando sempre para não queimar.

163. PÃEZINHOS DE CENTEIO

Ingredientes — *Para fermento:* 1 colher (sopa) de fermento granulado - 1/4 de xícara de água morna - 1 colher (chá) de açúcar - 2 colheres (sopa) de óleo

Merlin - *Para a massa:* 1/4 de colher (chá) de erva doce - 2 colheres (sopa) de óleo Merlin - 1½ xícara de farinha de centeio - 1½ xícara de água morna - 1 colher (chá) de sal - 4 xícaras de farinha de trigo - 1 colher (sopa) de leite - 1 gema para pincelar.

Modo de preparar — Numa tigela média, misture o fermento granulado com o açúcar, juntando depois a água morna e o óleo Merlin. Tampe a tigela e deixe levedar por 20 a 25 minutos. Numa outra tigela maior, coloque 1½ xícara de água morna, o ovo, as 2 colheres de óleo, 2 xícaras de farinha de trigo e o fermento levedado. Mexa bem com uma colher, junte o sal, o leite, a farinha de centeio e o resto da farinha de trigo, tudo aos poucos e mexendo bem, até formar uma massa grossa, que dê para sovar na mesa. Deixe levedar por 60 a 90 minutos, até inchar. Retire, depois, o ar da massa, sovando um pouco, e deixe levedar mais 30 minutos. Depois, ponha a massa sobre a mesa, divida em duas partes e faça um rolo de cada parte, cortando em pedaços pequenos, formando bolas. Coloque as bolas em forma untada, sem esquecer de deixar bastante espaço entre elas, pois elas crescem o dobro. Leve ao forno a 200 graus de calor. Pincele com a gema e deixe corar.

164. PÃO DE MINUTO

Ingredientes — 2 canecas de farinha de trigo - 1 caneca de maisena - 2 colheres (sopa) de fermento - 1 colher (chá) de sal - 2/3 de caneca de margarina - 2 ovos - 1/2 caneca de leite.

Modo de preparar — Peneirar os ingredientes secos e juntar a margarina, esmagando com um garfo. Bater os ovos no leite e despejar na massa, misturando sem bater. Estender a massa na mesa polvilhada, espalhando de leve com os dedos. Cortar em rodelas e levar a assar em forno bem quente, em forma untada, por 15 a 18 minutos.

165. PÃO VELHO RECHEADO

Eis um excelente modo de aproveitar o pão velho, quando a sobra é de mais ou menos meio pão: retire o miolo em parte e encha-o com um guisadinho refogado com cebola, salsa e pimenta. Ponha o pão no forno e deixe esquentar. Reserve o miolo para posterior aproveitamento.

166. PASTEL DE CANCHA RETA

Ingredientes — *Para a massa*: 1½ colher de banha de porco - 2 colheres de cachaça Tremapé - 1 colher (chá) de sal - 1/2kg de farinha de trigo - Água morna - *Para o recheio*: 1/2kg de mondongo - 1 cebola pequena - 1 galho de manjerona - 1 colher (chá) de cebola verde picada - 1 colher (sopa) de óleo Merlin - Sal e pimenta a gosto - 1/2 xícara do caldo do mondongo cozido - 2 colheres (sopa) de farinha de mandioca - 4 colheres (sopa) de temperal - Óleo Merlin para fritar.

Modo de preparar — Cozinhe o mondongo em água e sal, cortando-o depois em guisado. Derreta a banha e doure a cebola picada, acrescentando o guisado, a manjerona, cebolinha verde picada, o temperal e um pouco do caldo do mondongo. Acrescente uma pitada de pimenta verde e do reino e, se for necessário, mais sal. Deixe cozinhar por 5 minutos e engrosse com a farinha de mandioca, mexendo sempre, por mais 4 minutos. Prepare a massa dos pastéis, colocando numa tigela grande a farinha, a banha e a cachaça. Misture o sal e a água morna e junte à massa (se ficar mole, junte mais farinha, cuidando para não endurecer demais). Sove bem a massa e deixe descansar por 15 minutos. Depois abra-a aos poucos, polvilhando a mesa com farinha de trigo. Corte em pedaços redondos, recheie, amasse as pontas com um garfo, umedecendo-as para que grudem bem. Fritar em gordura bem quente. Escorrer em peneira para que os pastéis fiquem secos.

167. PASTEL-DE-LÓ

Ingredientes — *Para o pão-de-ló*: 4 ovos - 4 colheres (sopa) de açúcar - 4 colheres (sopa) de farinha de trigo - 1 colher (chá) de fermento em pó - *Para a nata artificial*: 1 xícara de leite - 3 colheres (sopa) de maisena - 1 gema - 100g de manteiga - 1/2 xícara de açúcar.

Modo de preparar — Prepare a nata artificial para poder gelar, misturando numa panela a maisena com o leite e a gema até desmanchar bem. Leve ao fogo mexendo sempre até engrossar. Tire do fogo e ponha a panela numa bacia com água, mexendo para não criar nata até esfriar. Bata a manteiga com o açúcar formando um creme e, sempre batendo, vá juntando o creme frio ao leite com a maisena. Vá juntando aos poucos e batendo, até obter uma mistura fofa e semelhante a nata. Leve à geladeira. *Para preparar o pão-de-ló*: Bata os ovos com o açúcar, até ficar bem firme, durante mais ou menos 10 minutos. Peneire a farinha de trigo e o fermento e vá acrescentando lentamente, misturando de leve. Aqueça o forno a 150 graus. Unte uma assadeira e polvilhe com farinha. Ponha a massa na assadeira e leve ao forno, assando até dourar. Deixe esfriar e corte em rodelas de 4 dedos de grossura. Ponha o recheio de nata artificial e dobre a massa ou cubra com outra rodela. Leve à geladeira. Sirva sempre gelado.

168. ROSAS DE LUXEMBURGO

Ingredientes — 300g de farinha de trigo - 200g de manteiga - 100g de açúcar - 1 ovo - 1 colher (sopa) de fermento em pó - 1 colher (chá) de açúcar de baunilha - *Para o recheio das tortinhas fechadas*: 4 maçãs - 3/4 de xícara de açúcar - 1 colher (chá) de canela em pó. *Para o recheio das tortinhas abertas*: 4 maçãs - 1 xícara de açúcar - 1/2 xícara de água - *Para cobertura das tortinhas fechadas*: 3 xícaras de açúcar de confeiteiro - 1 lata de cerejas ou 250g de morangos maduros - *Para decoração das tortinhas abertas*: 1 caixa de passas de uva sem caroço - 250g de nata batida doce.

Modo de preparar — Ponha as 200g de manteiga a gelar. Quando estiver gelada, misture a farinha de trigo, o açúcar, o ovo, o fermento, o açúcar de baunilha, e mexa muito bem. Acrescente a manteiga gelada e torne a misturar, formando a *massa podre*. Divida a massa em 3 partes. Com 2/3, forme as forminhas para empadas, ou formas de canoas retangulares ou ovais. Descasque as maçãs, retire o caroço e ponha dentro de uma tigela com água com suco de 1/2 limão. Coloque numa tigela o açúcar com a canela e as maçãs picadas das tortinhas fechadas. Recheie as forminhas já forradas sem usar a calda, cobrindo com 1/3 da massa restante, ficando como uma empada fechada. Leve ao forno a 250 graus, assando até corar. Retire do forno e das forminhas e, ainda quente, passe um glacê feito com o açúcar de confeiteiro e 15 colheres de água fria, sendo que o glacê deve ter a consistência de uma pasta (acrescente a água aos poucos). Antes de passar o glacê nas tortinhas, leve-o em banho-maria até formar uma casca em cima. Só então passe-o nas tortinhas fechadas, guarnecendo com 1/2 cereja ou morango. Para as tortinhas abertas, faça o seguinte: forre as forminhas com o restante da massa. Prepare o recheio descascando as maçãs, retirando o caroço e mergulhando em água com limão. Numa panela, ponha o açúcar (1 xícara), 1/2 xícara de água e as maçãs cortadas em cubos. Misture bem e leve ao fogo brando em forminhas não untadas. Depois de assadas, decore cada tortinha com nata batida e passas de uva. Coloque as tortinhas numa bandeja, alternando uma ao lado da outra (uma aberta, outra fechada).

169. ROSCAS TIRADENTES

Ingredientes — 1/2kg de farinha de trigo - 3 ovos - 1 xícara de açúcar - 100g de manteiga - 1 pacote de fermento.

Modo de preparar – Misture todos os ingredientes numa tigela, deixando por último a farinha com o fermento, e mexa muito bem. Leve na mesa polvilhada para amassar, formando uma massa que não grude nas mãos. Separe pequenos pedaços e abra com as mãos formando rolinhos da espessura de um lápis ou canetinha. Corte com 15cm de comprimento e faça roscas. Ponha em assadeira untada, bem distanciadas porque as rosquinhas crescem, e leve ao forno (200 graus) por 15 minutos. Quando dourar, retire do forno e ponha na assadeira em baixo, cuidando sempre para não queimar.

TORTA DE NATAL

Ingredientes – *Para o pão-de-ló*: 5 ovos - 5 colheres (sopa) de açúcar - 5 colheres (sopa) de farinha de trigo - 1 colherinha de fermento em pó - 1 colher (sopa) de chocolate em pó. *Para a mousse*: 1/2 litro de leite - 4 gemas - 10 folhas de gelatina branca - 1/2kg de nata batida doce. *Para rechear e decorar*: 1kg de morangos frescos - 1/2kg de nata batida doce - 1 barra de chocolate.

Modo de preparar – *O pão-de-ló*: Coloque os ovos e o açúcar na batedeira. Deixe bater por uns 15 minutos, até ficar firme. Depois, tire da batedeira e misture a farinha de trigo peneirada com o fermento. Ponha a metade desta mistura numa forma de torta untada e polvilhada. Ponha a outra metade em outra forma igual, misturando a colher de chocolate em pó. Leve as duas ao forno a 180 graus, asse e reserve. *A mousse*: Ponha as folhas de gelatina de molho em 1/2 xícara de água fria. Ferva o leite com 150 gramas de açúcar. Ponha as gemas numa tigela grande e acrescente o leite fervendo, mexendo sempre. Derreta a gelatina em fogo brando e junte ao leite com ovos. Passe num coador e deixe esfriar. Ponha numa tigela o 1/2kg de nata batida doce e junte aos poucos a mistura gelatina-leite. Leve ao refrigerador. Deixe coagular sem endurecer. *Modo de armar*: Ponha numa forma de torta com o fundo solto o pão-de-ló branco (sem chocolate). Espalhe 2/3 dos morangos cortados, regando com uma calda. Despeje a mousse e espalhe muito bem. Cubra com o outro pão-de-ló (com chocolate) e leve a gelar, por mais ou menos 3 horas. Depois, retire da forma, mas deixe sobre o fundo. Em cima coloque passas e, nos lados, a outra parte da nata batida. Distribua o restante dos morangos, decorando bem. No centro da torta, distribua o chocolate em barra, ralado.

TORTA UCRANIANA

Ingredientes – 500g de tâmaras sem caroço - 500g de abricós secos - 1 copo de uva-passa branca, sem semente - 2 copos de nozes - 1 copo de uva-passa escura, sem semente - 2 copos de sementes de girassol - 1 laranja grande cortada em fatias e sem sementes - 2 copos de coco ralado fresco - 1 colher (chá) de canela em pó - 3 colheres (sopa) de suco de limão - 1/3 de copo de mel - 1/4 de copo de sementes de gergelim.

Modo de preparar — Torre as sementes de gergelim por 30 minutos em forno brando e, no mesmo espaço de tempo, ponha os abricós de molho, coando-os depois. Depois, passe as frutas secas, nozes e laranja cortada, alternadamente, pela máquina de moer, usando os furos maiores, e deixando cair em uma tigela grande, para misturar, depois, as sementes de girassol. Junte o coco ralado, o limão e misture bem. Cubra com o gergelim tostado e deixe gelar uma noite, antes de servir. Se quiser, pode cobrir com mel.

Doces e schmiers

172. BANANAS EMPANADAS

Ingredientes — 1 massa para torta - Farinha de trigo para polvilhar - 1/2 xícara de açúcar mascavo - 1/2 colher (chá) de canela em pó - 4 bananas descascadas e cortadas ao meio - Cobertura de laranja (receita à parte).

Modo de preparar — Abra a massa para torta num retângulo de 25 por 50cm sobre uma superfície polvilhada com farinha de trigo, e corte em 8 quadrados iguais. À parte, misture o açúcar e a canela. Coloque uma metade de banana na ponta de cada quadrado, a 2cm da borda, salpicando canela e açúcar sobre a banana. Enrole como se fosse um croquete, umedecendo as bordas da massa para fechar bem. Arrume os rolinhos numa assadeira sem untar e leve ao forno previamente aquecido para dourar por uns 12 minutos. Sirva quente com a cobertura de laranja.

Cobertura de laranja

Ingredientes — 1/2 xícara de creme de leite - 2 colheres (sopa) de açúcar mascavo - 1/4 colher (chá) de essência de laranja - 2 laranjas descascadas separadas em gomos.

Modo de preparar — Coloque numa tigela previamente gelada o creme de leite, o açúcar e a essência de laranja, batendo bem até obter um ponto de creme. Depois, junte os gomos de laranja e mexa com cuidado. Está pronto para derramar sobre a banana empanada.

173. BANANAS AO FORNO

Ingredientes — 6 bananas-da-terra - 1½ colher (sopa) de margarina derretida - *Para o molho*: 3/4 de caneca de açúcar - 1½ colher (sopa) de maisena - 1 colher (chá) de canela em pó - 1 caneca de água fervendo - 1½ colher (sopa) de margarina - 1½ colher (chá) de casca de laranja ralada - 3/4 de caneca de suco de laranja - 1½ colher (sopa) de suco de limão.

Modo de preparar – Misture o açúcar, a canela e a maisena, juntando aos poucos a água fervendo. Leve ao fogo para engrossar. Adicione por fim o restante dos ingredientes do molho e reserve. Corte as bananas em rodelas e coloque em forma pirex, despejando por cima a manteiga derretida. Leve ao forno quente por 15 minutos. Sirva com o molho por cima.

174. BANININHAS À HAVAÍ

Ingredientes – 2¾ xícaras de farinha de trigo - 1 xícara de açúcar - 1 xícara de açúcar - 1 xícara de mel - 3 colheres (chá) de fermento em pó - 3/4 de colher (chá) de bicarbonato de sódio - 3/4 de xícara de manteiga - 2 xícaras de bananas amassadas - 3 ovos - 2 colheres (chá) de baunilha. *Para a cobertura:* 1/2 xícara de manteiga - 1 xícara de açúcar - 1/4 de xícara de leite - 2 xícaras de açúcar de confeiteiro.

Modo de preparar – Misture bem os ingredientes, seguindo a ordem (ponha numa vasilha primeiro a farinha de trigo, depois o açúcar, depois o mel, e assim por diante), até obter uma massa. Despeje-a numa assadeira untada, de 40 por 27cm mais ou menos, e asse em forno moderado por 20 minutos. Nesse meio tempo, faça a cobertura adicionando o açúcar à manteiga derretida e deixe levantar fervura, sem parar de mexer. Abaixe o fogo e ferva por mais 2 minutos. A seguir, adicione o leite e deixe levantar fervura. Retire do fogo e deixe esfriar ligeiramente. Adicione lentamente o açúcar de confeiteiro, bata bem e espalhe sobre a massa já assada. Corte em forma de barras ou bananinhas.

175. CARAMELOS RUI BARBOSA

Ingredientes – 3 xícaras de açúcar - 1½ xícara de creme de leite - 3 colheres (sopa) de Karo - 2 colheres (sopa) de café solúvel - 2 colheres (sopa) de manteiga ou margarina - 1 colher (chá) de essência de baunilha.

Modo de preparar – Numa panela untada com manteiga ou margarina, com capacidade para 3 litros, coloque o açúcar, o creme de leite, o Karo e o café solúvel. Leve ao fogo, mexendo constantemente, até levantar fervura. Depois deixe ferver sem mexer, até atingir o ponto de fio. Retire do fogo e adicione a manteiga e a baunilha, sem mexer, e deixe amornar. Depois de morno, bata até que a mistura fique bem clara, cerca de 10 minutos. Coloque tudo numa forma untada de 20 por 20cm. Deixe esfriar e corte em quadradinhos. Se os caramelos ficarem um pouco moles, deixe-os secar em um prato, virando de quando em quando. Quando adquirirem consistência, embrulhe-os em papel celofane.

176. CREME MORENINHA

Ingredientes — 3 claras - 3 gemas - 2 canecas de leite - 15 colheres (sopa) de açúcar - 1 colher (chá) de essência de baunilha.

Modo de preparar — Bata as claras em neve até que fiquem firmes. Adicione aos poucos 3 colheres de açúcar, sem deixar de bater (colheres de sopa). Ponha 7 colheres (sopa) de açúcar em uma panela com 2 colheres (sopa) de água. Sem mexer, deixe ferver até o ponto de caramelo não muito escuro. Retire o caramelo do fogo e vá despejando sobre as claras, batendo até esfriar. Coloque em tigelinhas individuais. À parte, bata as gemas com o açúcar restante. Leve o leite a ferver. Quando começar a subir, despeje sobre a gemada, mexendo rapidamente. Torne a levar o leite com as gemadas ao fogo, para engrossar sem ferver, sem parar de mexer. Quando retirar do fogo, acrescente o açúcar de baunilha, mexendo até esfriar para não criar nata. Sirva frio sobre o creme escuro.

177. CREMOLATE DA PRIMEIRA COMUNHÃO

Ingredientes — *Para o chocolate:* 8 colheres (sopa) de chocolate em pó - 2 colheres (chá) de maisena - 1 litro de leite - 6 colheres de açúcar - 2 gemas - *Para o creme:* 1 lata de creme de leite - 2 colheres (sopa) de açúcar - 1 pitada de sal - 1 colherinha (chá) de essência de baunilha - 1½ xícara de biscoitos picados (de preferência, champanha ou maisena).

Modo de preparar — *O chocolate:* Dissolva a maisena em um pouco de leite frio. Bata as gemas com o açúcar até obter uma consistência cremosa. Dissolva o chocolate em um pouco de leite frio. Ferva o resto do leite. Quando estiver fervendo, acrescente primeiro a maisena, mexendo sempre, até engrossar, e depois a gemada, sempre mexendo. Tire do fogo. *O creme:* Bata o creme até tomar consistência. Junte o açúcar, o sal e a essência de baunilha. Em taças bem altas, arrume, alternadamente, camadas de creme, biscoitos e chocolate. Sirva bem gelado.

178. DOCE DE ABÓBORA EM PEDAÇOS

Ingredientes — 1kg de abóbora menina - 800g de açúcar - 200g de cal virgem - 4 cravos-da-índia - 5 paus de canela.

Modo de preparar — Descasque e parta a abóbora em pedaços mais ou menos grandes, deixando-os de molho por 2 horas em água misturada com cal. A mistura deve cobrir todos os pedaços de abóbora. Depois escorra a água, lave os pedaços de abóbora e leve-os ao fogo numa calda rala que cubra os pedaços, deixando-os cozinhar devagarinho. Retire do fogo e deixe assim até o dia seguinte, para que a calda penetre bem. Torne a levar ao fogo para que a calda engrosse, junto com o cravo e a canela. Separe os pedaços da calda e passe-os em açúcar cristalizado, secando depois ao sol ou em lugar quente e seco. O excesso de calda pode ser aproveitado como refresco ou para cobertura de bolos.

179. DOCE DE BATATA-DOCE

Ingredientes — 1kg de batata-doce - 1kg de açúcar - 1 pacote grande de coco ralado - 6 cravos-da-Índia - 8 paus de canela.

Modo de preparar — Cozinhar a batata com casca em água fervendo. Escorra, deixe esfriar e esmague. Meça o volume da massa e junte o mesmo volume de açúcar. Junte bastante água, dando uma aparência de sopa, e leve ao fogo forte em panela tampada para ferver, com o cravo e a canela. Quando começar a engrossar, mexa para evitar que grude no fundo da panela. Quando a massa ficar cremosa, junte o coco ralado, mexendo sempre, até desgrudar do fundo. Então prepare, à parte, um pouco de açucar queimado e junte ao doce, para enriquecer o colorido. Pode ser servido como doce ou como schmier no pão, e pode-se ainda passar pequenas bolotas do doce em açúcar cristalizado, deixando depois secar ao ar livre.

180. DOCE DE CASCA DE BANANA

Ingredientes — Cascas de banana picadas - Açúcar: a mesma quantidade (se, por exemplo, der 2 copos de cascas picadas, usar 2 copos de açúcar) - Suco de uma laranja.

Modo de preparar — Leve tudo ao fogo, mexendo sempre, até desprender do fundo da panela. Substitui perfeitamente a schmier.

181. DOCE DE CASCA DE MELANCIA

Ingredientes — Casca de uma melancia - 1kg de açúcar - 1 litro de água - 2 dentes de cravo - 5 cascas de canela.

Modo de preparar — Tire a casca verde da melancia, cortando bem fininho. Ferva a água com açúcar, cravo e canela. Quando o açúcar dissolver, junte a polpa branca da melancia, deixando ferver até ficar transparente. Sirva gelado, com cobertura de gelatina de uva ou morango.

182. DOCE DE CHUCHU

Ingredientes — 4 chuchus descascados - 1 litro de água - 1kg de açúcar - 2 dentes de cravo - 5 cascas de canela.

Modo de preparar — Ferva água com açúcar, cravo e canela, até formar calda. Junte os chuchus e ferva até ficar transparente. Se quiser schmier para passar no pão, deixe ferver até desmanchar, formando uma pasta.

183. GELATINA REDS

Especial para regimes

Ingredientes — 1 pacote de gelatina de morango - 1 xícara de vinho branco seco - 8 cubos de gelo, picados - 1 lata de creme de leite sem soro.

Modo de preparar — Dissolva a gelatina em 1/2 xícara de água fervendo. Ponha no liquidificador e bata por 5 segundos. Junte o vinho e o gelo picado e bata por mais 20 segundos, até ficar liso. Coloque em taças individuais e leve à geladeira por uns 8 minutos, cobrindo com o creme de leite e, se desejar, um morango por cima. Deve ser servida imediatamente.

184. MOLHO DE GEMADA

Ingredientes — 1 caneca de leite - 1 gema - 2 colheres (sopa) de açúcar - 1 colher (chá) de maisena - 1 pitada de sal - 1 envelope de açúcar de baunilha.

Modo de preparar — Bata a gema com o açúcar e a baunilha. Dissolva a maisena em leite frio (pouco). Esquente o resto do leite e junte ao leite frio com a maisena. Leve o leite ao fogo e mexa com colher de pau até cozinhar. Depois retire e derrame aos poucos sobre a gemada. Leve tudo ao fogo e mexa sempre, acrescentando a pitada de sal. Ao retirar do fogo mexa até esfriar, se quiser evitar a criação de uma crosta de nata. Sirva gelado. Excelente cobertura para frutas picadas.

185. MORANGA À VACARIA

Ingredientes — 1kg de abóbora moranga - 1/2 xícara de açúcar - 1 xícara de água - Leite - Mel - 1 pitada de canela em pó.

Modo de preparar — Corte a moranga em pedaços, retire os caroços e lave. Ponha os pedaços numa panela (de preferência, de ferro), com a casca para cima. Ponha o açúcar e, depois de uns 5 minutos, acrescente 1/2 xícara de água. Tampe a panela e deixe cozinhar em fogo forte por mais 5 minutos. Depois, ponha em fogo brando. Quando começar a secar e dourar, acrescente o restante da água e deixe terminar o cozimento. Este doce pode ser servido puro. Pode-se, entretanto, acrescentar, na hora de servir, leite, mel dissolvido no leite, e polvilhar com canela.

186. OLHOS DE SOGRA

Ingredientes — 7 colheres (sopa) de açúcar - 1/2 xícara de água - 7 gemas - 1 colher (chá) de manteiga - 1/2 colher (chá) de essência de baunilha - 250g de ameixas pretas grandes e macias - açúcar cristal.

Modo de preparar — Com a água e o açúcar faça uma calda grossa. Retire do fogo e deixe esfriar. Acrescente as gemas desmanchadas, a manteiga e a baunilha. Leve a mistura ao fogo baixo e cozinhe mexendo sempre até engrossar e soltar do fundo da panela. Retire do fogo. Deixe esfriar e reserve. Abra as ameixas ao meio, retire os caroços com cuidado e encha-as com o recheio reservado. Passe a parte recheada com cuidado pelo açúcar cristal e arrume os docinhos em forminhas de papel.

187. PASTÉIS COM GOIABADA

Ingredientes — 1¾ de xícara de farinha de trigo - 1/2 xícara de manteiga - 1/2 xícara de vinho do Porto - goiabada para o recheio - açúcar de confeiteiro.

Modo de preparar — Misture todos os ingredientes da massa (farinha, manteiga e vinho). Amasse bem. Abra numa superfície polvilhada com farinha de trigo e corte rodelas de 7cm de diâmetro. Recheie com um pedacinho de goiabada. Dobre formando um pastel (meia-lua) e aperte as bordas com um garfo. Leve a assar em forno moderado (170°), em assadeira sem untar, até que dourem. Retire do forno e passe em açúcar de confeiteiro.

188. PERAS AO MEL

Especial para regimes

Ingredientes — 1/2 litro de creme de leite - 3 colheres (sopa) de mel - Casca ralada de 1 limão - 1 pera madura - 3 colheres (sopa) de licor - Raspas de chocolate para decorar.

Modo de preparar — Bata o creme de leite até tomar consistência de chantilly, adicione o mel e a raspa de limão. Descasque a pera, corte em pedaços, acrescente o licor e junte ao creme. Bata até obter uma consistência cremosa. Sirva sobre peras em calda ou moranguinhos, enfeitando com raspas de chocolate.

189. PUDIM DE ABÓBORA

Ingredientes — 1½ xícara de leite - 1 colher (chá) de canela - 1/4 de colher (chá) de gengibre - 1 pitada de cravo em pó (ou 1 pau de cravo) - 1 pitada de noz-moscada - 2 colheres (sopa) de rum - 3 ovos ligeiramente batidos - 1/2 xícara de açúcar - 1 xícara de abóbora cozida e picada - Casca ralada de 1 laranja.

Modo de preparar — Deixe o forno aquecer a temperatura moderada. Enquanto isto, aqueça o leite numa panela, em fogo médio, até escaldar sem ferver. Misture numa tigela pequena a canela, o gengibre, o cravo, a noz-moscada e o rum, reservando. Bata os ovos ligeiramente com um garfo e junte os temperos, o rum, o açúcar, a abóbora e a casca ralada, misturando tudo muito bem. Junte lentamente, sem parar de mexer, o leite quente, batendo até ficar cremoso. Despeje em forminhas refratárias grandes, deixando um espaço de 1,5cm em cada uma. Coloque-as em assadeira e encha com água quente até a metade da altura das formas, cobrindo com papel alumínio e levando ao forno para assar por 45 minutos. Retire as forminhas da água quente, deixe esfriar e leve à geladeira.

Cobertura para o pudim — 1/2 xícara de creme de leite - 2 colheres (sopa) de açúcar de confeiteiro - 1/2 colher (chá) de extrato de baunilha.

Modo de preparar — Bata tudo numa tigela, até o ponto de chantilly. Ponha um pouco sobre cada pudim.

190. REFRESCO DE CASCAS DE FRUTAS (I)

Ingredientes — 1kg de cascas de frutas (abacaxi, laranja, bergamota, maçã, pera, uva, etc.) - 1kg de açúcar - 2 litros de água.

Modo de preparar — Lave as cascas, coloque-as em um recipiente, cubra com água e leve a ferver durante 20 minutos em panela bem tampada. Retire do fogo e coe. Leve ao fogo outra vez e acrescente o açúcar, deixando ferver até que o líquido se reduza à quase a metade. Esfriar, engarrafar e arrolhar, guardando em geladeira. Servir com água mineral ou água comum gelada.

191. REFRESCO DE CASCAS DE FRUTAS (II)

Ingredientes — 1kg de cascas de frutas sortidas - 3 copos de açúcar - 3 litros de chá da Índia bem fraco - 10 grãos de fermento granulado.

Modo de preparar — Numa vasilha de louça ou vidro, juntar as cascas, o açúcar, o chá e os grãos de fermento. Deixar em repouso 36 horas. Coar. Guardar em garrafas bem arrolhadas.

192. SCHMIER DE BANANAS

Ingredientes — 1kg de bananas bem maduras - Caldo de 2 laranjas - 800g de açúcar.

Modo de preparar — Esprema as laranjas e coe. Descasque as bananas e leve-as ao liquidificador com o suco e o açúcar. Ponha tudo numa panela e leve ao fogo forte até obter consistência de schmier. De vez em quando baixe o fogo para não queimar. Não esqueça de guardar o bagaço da laranja para fazer schmier de sobras.

193. SCHMIER DE BERGAMOTA COM CASCA

Ingredientes — 12 bergamotas - 1kg de açúcar.

Modo de preparar — Um dia antes de preparar a schmier, separe as cascas de 6 bergamotas e ponha-as de molho em uma caneca de água com 1 colher de sal, até que o branco interno da casca fique mole e possa ser retirado com a ponta de uma faca. Depois coloque as cascas em água pura, trocando de quando em quando. No dia em que for fazer a schmier, esprema o suco das 12 bergamotas. Junte o suco, as cascas das 6 bergamotas e o açúcar, deixando ferver até adquirir consistência. As cascas devem ser cortadas no menor tamanho possível. Não esqueça de guardar o bagaço das bergamotas para fazer schmier de sobras.

194. SCHMIER DE MAÇÃ

Ingredientes — 4 canecas de maçã picada com casca - 4 canecas de açúcar.

Modo de preparar — Cozinhe as maçãs na véspera, com água que as cubra bem. No outro dia, passe no liquidificador e coe em peneira média. Leve a massa de maçã ao fogo com o mesmo volume em açúcar, mexendo de quando em quando. Cuidado que pula. Reserve o caldo para fazer doce ou outra schmier.

195. SCHMIER DE SOBRA DE FRUTAS

Ingredientes — Sobras de suco de frutas, caldas, etc. - Sobras de bagaço de laranja ou cascas de uvas, etc. - Caldo de 1 laranja - 3/4 de caneca (750g) de açúcar.

Modo de preparar — Passe tudo no liquidificador (menos o açúcar) e ponha tudo numa panela, observando a proporção de 3/4 de caneca de açúcar para cada caneca do resto. Junte tudo e leve ao fogo sem parar de mexer com colher de pau. Estará pronto quando começar a aparecer o fundo da panela. Coloque em vidros, deixe esfriar e tampe. Conserve em geladeira.

196. ZABAIONE DE MEL

Ingredientes — 3 gemas - 2 colheres (chá) de água fria - 1/2 xícara de mel - 1/3 de xícara de vinho (tipo marsala, xerez ou madeira doce) - 4 xícaras de morango.

Modo de preparar — Bata as gemas com a água até ficarem espumosas e leves. Aqueça lentamente em banho-maria, adicione o mel e o vinho e bata até engrossar. Retire do fogo e deixe esfriar ligeiramente. Divida os morangos em 6 taças de sobremesa e cubra com o zabaione.

Coquetéis, drinques, licores e aperitivos

197. ANIMA E CUORE

Ingredientes — 1 xícara de conhaque - 1 xícara de cointreau - 1 xícara de rum - 1 colher (chá) de suco de limão - 8 cubos de gelo.

Modo de preparar — Misture todos os ingredientes na coqueteleira, agite e coe.

198. BATIDA DE COCO

Ingredientes — 1 garrafinha de leite de coco - 6 doses de aguardente - 2 doses de água - 1 colher (sopa) cheia de leite condensado - 2 colheres (sopa) de gelo picado.

Modo de preparar — Coloque todos os ingredientes numa coqueteleira (ou liqüidificador) e bata por alguns minutos. Sirva em 4 copos previamente gelados.

199. BATIDA DE MARACUJÁ

Ingredientes — 2 doses de cachaça - 1 copo de suco de maracujá - 1 colher (sopa) de xarope de groselha.

Modo de preparar — Coloque os ingredientes na coqueteleira (ou liqüidificador) com três pedras de gelo. Bata bem, coe e sirva.

200. BERGAMOTINHA

Ingredientes — 1 litro de aguardente - cascas de 8 bergamotas - 8 colheres (sopa) de açúcar.

Modo de preparar — Junte todos os ingredientes num recipiente maior, sacuda bem até dissolver o açúcar, arrolhe bem e deixe curtir por uma semana, coando depois.

201. BIRINAPFEL

Ingredientes — 8 xícaras de maçãs com casca, mas sem sementes, picadas não muito fino - 4 xícaras de conhaque Petronius - 2 xícaras de açúcar - 8 pauzinhos da canela quebrados.

Modo de preparar — Coloque todos os ingredientes numa vasilha hermeticamente fechada e vire-a de cabeça para baixo, deixando descansar por 24 horas. Vire a vasilha em posição normal e deixe descansar mais 24 horas. Repita a operação até que o açúcar dissolva completamente. Guarde o recipiente durante 4 semanas num lugar fresco e escuro. Depois coe e ponha numa garrafa decorativa.

202. BLOODY MARY TROPICAL

Ingredientes — 1 litro de Velho Barreiro - 1/2kg de jabuticabas - 4 colheres (sopa) de açúcar.

Modo de preparar — Dissolva o açúcar na aguardente e junte tudo num recipiente maior. Arrolhe bem e deixe curtir uma semana. Coe e conserve na geladeira.

203. BONAPARTE

Ingredientes — 8 laranjas grandes - 4 xícaras de açúcar - 4 xícaras de vodca ou rum.

Modo de preparar — Esprema o suco das laranjas reservando a casca de uma delas. Retire o branco da casca reservada e corte em quadradinhos. Adicione ao suco 2 xícaras de água. Ponha o suco, a casca e o açúcar a ferver. Logo que levantar fervura, abaixe o fogo e deixe cozinhar mais 5 minutos. Deixe esfriar. Despeje num vidro e adicione a vodca. Tampe bem e deixe descansar por 3 semanas. Coe, ponha numa garrafa decorativa e arrolhe bem.

204. CAIPIRINHA

Ingredientes — 1 limão - 3 doses de aguardente - 1 colher (sopa) não muito cheia de mel - 3 colheres (sopa) de caldo coado de limão - 2 colheres (sopa) de água - 2 colheres (sopa) cheias de gelo picado.

Modo de preparar — Corte o limão em quatro gomos e coloque 2 em cada copo. Reparta a aguardente, o caldo de limão, o mel e a água, em partes iguais, em cada copo. Amasse bem os gomos de limão com o auxílio de um pequeno soquete (ou similar). Complete com o gelo, mexa bem e sirva em seguida.

205. CAIPIRINHA ARPOADOR

Ingredientes — 1 copo de aguardente de cana - Suco de 1 limão - 4 colheres (sopa) de mel - 1/2 colher rasa (chá) de canela em pó.

Modo de preparar — Misture tudo muito bem, mexendo até dissolver o mel. Sirva com 3 cubos de gelo. Não precisa coar.

206. CAJU-AMIGO

Ingredientes — 3 doses de aguardente - 1 copo de suco de caju - 1 colher (sopa) de leite condensado - 2 colheres (sopa) de gelo grosseiramente picado.

Modo de preparar — Coloque todos os ingredientes na coqueteleira (ou liqüidificador) e bata bem. Sirva coado, em copos previamente gelados.

Observação — O autêntico caju-amigo é diferente. Serve-se o cálice de aguardente e ao seu lado um caju fresco e maduro. A pessoa bebe um gole de aguardente e chupa um pouco da fruta.

207. COINTREAU

Ingredientes — 1 litro de álcool 96º - 1 laranja de umbigo grande - 8 colheres (sopa) de açúcar - 1 casca de canela.

Modo de preparar — Ponha o álcool num vidro de boca larga, que possa ser tampado com a laranja. Acrescente o açúcar e a canela. Ponha a laranja por cima, de modo a que a casca da mesma mal toque na película superficial do álcool. Deixe curtir até que a laranja apresente o aspecto característico de decomposição. Coe e ponha a gelar.

208. CONFORTO DE INVERNO

Ingredientes — 1/2 litro de vermute rosado - 1 xícara de conhaque - 1/2 litro de vinho rosé suave - 3 colheres (sopa) de chocolate em pó - 6 gemas - 18 colheres (sopa) de açúcar.

Modo de preparar — Bata as gemas com o açúcar, até formar uma gemada consistente. Acrescente o chocolate aos poucos, batendo para não encaroçar. Misture os líquidos num recipiente grande, acrescente a gemada com chocolate e mexa até dissolver. Engarrafe e deixe curtir até não restar vestígios do açúcar.

209. CONHAQUE DE LARANJA

Ingredientes — 2 laranjas - 2 colheres (sopa) de água - 110g de açúcar - 8 cravos-da-Índia - 1/2 colher (chá) de coentro em grão - 1/2 litro de conhaque Petronius.

Modo de preparar — Descasque uma laranja, tire o suco e coloque numa panela com a água, o açúcar, os cravos e o coentro. Deixe levantar fervura e cozinhe por uns 10 minutos. Coe em pano fino colocado sobre uma peneira e engarrafe. Descasque a outra laranja, retire a película branca e corte-a em quadradinhos. Ponha os quadradinhos dentro da garrafa e acrescente o 1/2 litro de conhaque, fechando bem e deixando curtir 10 dias.

210. COQUETEL GUARUJÁ

Ingredientes – 1/2 xícara de cointreau - 1/2 xícara de conhaque - 1 xícara de suco de laranja gelado - 3 xícaras de champanha seco gelado - Rodelas de abacaxi para enfeitar.

Modo de preparar – Misture todos os líquidos muito bem. Coloque em taças e enfeite com o abacaxi.

211. COQUETEL IPANEMA

Ingredientes – 1 xícara de gim - 1 xícara de vermute branco seco - 9 colheres (sopa) de licor de abricó - 9 colheres (sopa) de cointreau - 12 cubos de gelo.

Modo de preparar – Ponha todos os ingredientes numa coqueteleira e agite bem. Depois, retire o gelo restante.

212. COQUETEL HAVAÍ

Especial para regimes

Ingredientes – 4 rodelas de abacaxi fresco - 2 colheres (sopa) de mel - Suco de 1/2 limão - 3 xícaras de suco de uva - 8 cubos de gelo - Casquinhas de limão.

Modo de preparar – Bata todos os ingredientes (menos o gelo e a casquinha de limão) no liquidificador. Coloque numa jarra com o gelo e as casquinhas.

213. DRINQUE DO PERNALONGA

Especial para regimes

Ingredientes – Suco de 10 laranjas - 2 cenouras picadas - Sumo de 1 limão - 8 colheres de mel - 1 pitada de canela em pó.

Modo de preparar – Ponha tudo no liquidificador e bata, acrescentando gelo depois. Se quiser, pode coar, embora os macrobióticos não o aconselhem.

214. FLÓRIDA

Ingredientes — 6 colheres (sopa) de suco de laranja - 1 colher (sopa) de suco de limão - 1/4 de xícara de suco de abacaxi - 3/4 de xícara de rum - 4 colheres (sopa) de groselha - 1 pitada de gengibre em pó.

Modo de preparar — Ponha tudo no liquidificador e bata bem. Sirva em copos altos, cobrindo com gelo picado.

215. CHUVA TROPICAL

Ingredientes — 2 xícaras de gelo picado - 1 xícara de suco de laranja - 3/4 de xícara de rum - 2 colheres (sopa) de suco de limão - 1/4 de xícara de conhaque - Açúcar a gosto.

Modo de preparar — Ponha tudo no liquidificador e bata em alta velocidade até misturar bem. Despeje em copos altos com cubos de gelo.

216. GREEN SOILENT

Ingredientes — 1 xícara de gim - 1xícarasde vermute branco seco - 1 xícara de licor de menta - 10 cubos de gelo.

Modo de preparar — Ponha tudo na coqueteleira, agite e coe.

217. LIEBKNETCH

Ingredientes — 1 xícara de curaçau azul - 1/2 xícara de conhaque - 4 colheres (sopa) de suco de limão - 8 cubos de gelo.

Modo de preparar — Coloque todos os ingredientes na coqueteleira, agite e coe.

218. ORANGE D'OR

Ingredientes — Casca de 1/2 laranja - Suco de 1½ laranja - 1 pauzinho de canela - 200g de açúcar - 1/2 laranja - 1/2 litro de rum.

Modo de preparar — Raspe a casca de 1/2 laranja misturando-a, numa panela, com o suco de 1 laranja e meia, a canela e o açúcar. Deixe levantar fervura, baixe o fogo e cozinhe lentamente por 15 minutos. Coe e engarrafe. Retire a película branca da 1/2 laranja e corte em pedaços pequenos, acrescentando ao líquido na garrafa. Em seguida junte o rum, feche bem e deixe curtir 10 dias.

219. PONCHE DA JULIETA

Ingredientes — 2 xícaras de água - 3 xícaras de açúcar - 4 pauzinhos de canela - 2 colheres (chá) de cravos-da-Índia - 4 xícaras de vinho branco gelado - 4 xícaras de suco de laranja gelado.

Modo de preparar — Numa panela misture a água, o açúcar, a canela e os cravos. Leve ao fogo e deixe levantar fervura. Abaixe o fogo e cozinhe por 10 minutos. Coe. Leve o líquido à geladeira. Na hora de servir misture tudo bem gelado

220. SANGUE DE OFÉLIA

Ingredientes — 2 xícaras de vermute branco seco - 16 colheres (sopa) de licor de laranja (curaçao) - 2 colheres (sopa) de groselha (xarope doce) - 8 cubos de gelo.

Modo de preparar — Ponha todos os ingredientes na coqueteleira, agite e coe.

221. SOUPLESSE

Ingredientes — 2 xícaras de gelo picado - 1/3 de xícara de suco de limão - 1/2 xícara de vodca - 1 garrafa de soda gelada - 2 fatias de abacaxi cortado em cubinhos.

Modo de preparar — Coloque no liquidificador o gelo e o suco de limão, batendo em velocidade média por 1 minuto. Junte a vodca e misture bem. Acrescente a soda e bata em velocidade lenta por alguns segundos. Enfeite com os cubos de abacaxi na hora de servir.

222. XAVIERA

Ingredientes — 1 garrafa de vinho branco seco - 1/2 xícara de curaçau - 1/4 de xícara de açúcar - 1 laranja cortada em rodelas finas - 2 limões cortados em rodelas finas - 5 morangos grandes cortados em fatias - 1 garrafa de club-soda - Cubos de gelo.

Modo de preparar — Numa jarra grande, coloque o vinho, o curaçau e o açúcar, mexendo bem até dissolver o açúcar. Junte as frutas, tampe e leve à geladeira por 1 hora. Quando servir, junte o club-soda e os cubos de gelo, misturando bem. Sirva em copos grandes.

PRATOS INTERNACIONAIS

PATO COM LARANJA (CANARD À L'ORANGE)

Ingredientes — 2 patos de tamanho médio - 2 folhas de louro - 6 dentes de alho - Pimenta-do-reino - Suco de 2 limões - 5 ou 6 laranjas (um copo e meio de suco) - 3 laranjas pequenas (para enfeitar) - 1 alface - Manteiga ou margarina - 1/2 xícara de vinho branco seco.

Modo de preparar — Limpe o pato, deixe inteiro e tempere com o alho socado com sal, o louro, a pimenta-do-reino, o suco de limão e o vinho. Deixe nesse tempero durante um mínimo de duas horas. Duas horas antes de servir, retire do tempero, enxugue por fora, unte abundantemente com manteiga, sobretudo no peito, e coloque numa assadeira. Coloque por cima a vinha-d'alhos e ponha em forno quente. Depois de dez minutos, comece a regar com suco de laranja. Vire e continue regando com suco durante vinte minutos. Quando o suco acabar, retire o molho da assadeira com uma colher e continue regando. Quando a carne estiver macia, retire e corte pelas juntas. Acrescente meia xícara de água quente ao molho que ficou na assadeira. Misture bem e esquente no forno. Cubra o fundo de uma travessa com folhas de alface, arrume os pedaços das aves e decore com as laranjas pequenas com casca, cortadas em quatro partes ou em rodelas, também com casca. Sirva o molho na molheira própria.

CARNEIRO ESTAMBUL

Ingredientes — 1 perna de carneiro cortada em pedaços pequenos - 200g de toucinho defumado - 250g de cebolinhas - 125g de champignons - 2 copos de vinho tinto seco - 2 colheres grandes de óleo - Sal - Pimenta - Páprica - Orégano - Louro - Salsa.

Modo de preparar — Faça ferver em água quente o toucinho cortado em quadradinhos, durante 5 minutos. Refogue, numa panela com óleo, o toucinho e acrescente os pedaços de carneiro. Quando dourar, salpique com a farinha e deixe avermelhar. Coloque o vinho quente e mexa. Junte dois copos de água quente. Ponha os temperos (menos a páprica), tampe e deixe cozinhar durante uma hora. Junte os champignons, prove o tempero e coloque a páprica. Sirva rodeado de pão torrado (em cubos) e/ou batata assada.

ALCATRE À MODA DA FLÓRIDA

Ingredientes — 1kg de alcatre - 1 cebola grande picadinha - 3 tomates sem peles nem sementes, picadinhos - Suco de de três laranjas - 10 nozes em pedacinhos - 1 copo de vinho branco seco - 1 tablete de caldo de carne dissolvido numa xícara de água quente - Farinha de trigo - Sal - Pimenta - 1 colher de manteiga - 1 colher de azeite de oliva.

Modo de preparar — Passe o alcatre pela farinha até ficar bem coberto, salgue e apimente. Coloque a manteiga e o azeite numa panela e doure a carne. Retire e deixe esfriar. Coloque na panela a cebola, os tomates, o caldo, as nozes, o vinho, o suco de laranja, torne a colocar o alcatre e cozinhe em fogo brando até ficar no ponto. Ao servir, corte em rodelas e cubra com o próprio molho.

RINS À SICILIANA

Ingredientes — 3 rins de vitela - 50g de manteiga - Sal - Pimenta - 1 cebola - 2 cenouras - 4 tomates - 1 folha de louro - 1/2 copo de vinho branco seco - 1 cálice de conhaque - 1 concha de caldo de carne.

Modo de preparar — Derreta a manteiga numa frigideira em fogo forte e junte os rins cortados em cubos e previamente limpos. Doure bem e retire, salgando e apimentando. Corte em finas rodelas a cebola e a cenoura. Descasque os tomates e corte em pedaços. Coloque os rins numa panela de barro. Junte a cebola, as cenouras, os tomates e o louro, acrescentando o vinho, o conhaque e o caldo de carne. Tampe e coloque no forno brando durante meia hora.

TORTA BISMARCK

Ingredientes — 1kg de carne moída - 2 ovos - 1 cebola picada e dourada - 1 lata de molho de tomate - 250g de requeijão cortado em fatias finas - Sal - Pimenta - Manteiga.

Modo de preparar — Coloque a carne dentro de uma terrina. Misture com os ovos, a cebola e tempere com sal e pimenta. Unte com manteiga uma forma refratária e coloque aí a carne, prensando bem. Arrume por cima as fatias de requeijão e cubra tudo com molho de tomate. Espalhe alguns pedacinhos de manteiga. Cozinhe, em forno moderado, durante 25 minutos. Sirva na própria travessa.

CAÇAROLA DE ESCAROLA À MODA DE BRUXELAS

Ingredientes — 500g de escarola - 250g de batatas - 2 cebolas - 50g de manteiga - 150g de toucinho defumado cortado em fatias - 2 colheres (sopa) de cebolinha picadinha.

Modo de preparar — Lave a escarola, retire a parte amarga e corte em fatias. Descasque a batata e corte em rodelas. Numa panela grande doure o toucinho e a cebola na manteiga. Acrescente a batata e a escarola. Doure durante alguns minutos e depois despeje o conteúdo numa forma refratária. Cubra com uma folha de alumínio e ponha durante vinte minutos em forno quente. Retire a folha de alumínio e junte o creme de leite. Deixe cozinhar por mais dez minutos. Salpique com a cebolinha picadinha. É um acompanhamento ótimo para frango assado ou espetinho de carne.

FRANGO À MODA DA LOUISIANA

Ingredientes — 1 frango de 1,2kg - 250g de milho cozido em conserva - 1 copo de vinho branco seco - 250g de champignons - 2 tomates grandes - Salsinha - Sal - Pimenta - Alho - Cheiros-verdes - 1 colher (sopa) de óleo.

Modo de preparar — Corte o frango em pedaços. Esquente o óleo numa panela e doure o frango. Salpique com a salsinha e o alho picadinhos. Acrescente o vinho branco, o sal, a pimenta, o cheiro-verde, os tomates descascados e sem sementes e o champignon lavado e cortado em fatias. A partir deste momento cozinhe em fogo baixo durante 35 minutos. Aqueça o milho com um pouco de manteiga numa frigideira. Coloque o frango no centro de uma travessa, rodeando com o milho bem quente.

GRÃO-DE-BICO SCHEEREZADE

Ingredientes — 500g de grão-de-bico - 3 colheres grandes de óleo de gergelim - Suco de limão - 1 dente de alho - Sal - 1/2 xícara de água - Salsa em galhos - 1 cebola cortada em rodelas.

Modo de preparar — Deixe o grão-de-bico de molho na véspera. No dia seguinte, retire as peles e afervente até amolecer. Reserve alguns grãos inteiros para ornamentar. Aos poucos bata-o no liquidificador. Acrescente o óleo de gergelim, o suco de limão, o sal, o alho e a água. Continue batendo até misturar bem. Sirva numa travessa. Enfeite com galhos de salsa e grãos inteiros. Ponha na mesa pedaços da cebola para acompanhar o prato. Sirva frio ou gelado, despejando antes um pequeno fio de azeite.

SOPA DE PEIXE MARSELHESA (BOUILLABAISSE)

Ingredientes — 1kg de peixes diversos (pintado, garoupa, enguia, mexilhão, dourado) - 4 dentes de alho - 6 tomates - Sal - Pimenta - Orégano - Tomilho - Louro - Açafrão - 2 copos de azeite - Água fervente.

Modo de preparar — Escame, limpe e lave os peixes e outros produtos d'água. Refogue ligeiramente numa caçarola as cebolas picadinhas, o alho socado e os tomates sem pele nem sementes. Coloque ali os pedaços de peixe e mariscos, os temperos, o sal, a pimenta e cubra com água fervendo. Deixe cozinhar em fogo forte durante 15 minutos. Entretanto, torre no forno fatias de pão, conservando-as brancas. Quando a sopa ficar pronta, coloque os pedaços de peixe num prato, virando o caldo sobre as fatias de pão arrumadas numa sopeira.

SCHLEMMERSCHNITTE

Ingredientes — 4 bifes de filé-mignon - 4 torradas grossas, amanteigadas - 4 colheres grandes de caviar - 1 colher pequena de cebola picadinha.

Modo de preparar — Corte os bifes numa altura regular, retire a gordura e limpe com um pano úmido. Frite na manteiga no ponto que preferir. Sirva sobre torradas, colocando por cima de cada bife uma colher de caviar e um pouquinho de cebola batidinha.

PUDIM BEIRA-MAR

Ingredientes — 1/2 kg de peixe em postas - Purê de batatas - 1/2 kg de camarão cozido e temperado - 1 gema de ovo - 1/2 xícara de queijo parmesão ralado - 2 colheres grandes de salsa picadinha - Orégano - Sal - Pimenta-do-reino - Molho de camarão.

Modo de preparar — Arrume as postas de peixe numa forma untada com azeite. Junte, ao purê de batatas, a gema e os temperos. Coloque sobre o peixe camadas alternadas de purê de batata e camarão, concluindo com uma camada de peixe. Cubra com uma folha de papel de alumínio e cozinhe em banho-maria durante meia hora. Sirva acompanhado de molho de camarão.

BACALHAU À SEVILHANA

Ingredientes — 1 kg de batatas - 6 tomates - 4 cebolas grandes - Salsinha - Tomilho — Pimenta-do-reino - 1 folha de louro - Azeite.

Modo de preparar — Corte as batatas, já descascadas, em rodelas medianas. Coloque numa panela rodelas de tomates e de cebola, em cima uma camada de batatas e pedaços de bacalhau, alternando novamente tomates, cebolas, batatas e bacalhau por cima. Coroe com salsa, tomilho, pimenta-do-reino e o louro. Acrescente uma concha de azeite e ponha no forno lento. Mexa na panela para não grudar no fundo. Tempo de preparação: 1/2 hora.

CALAMARES EN SU TINTA (LULAS NA TINTA)

Ingredientes — 1 kg de lulas - 1 cebola - 3 dentes de alho - 50 g de farinha de trigo - 1/2 litro de vinho branco seco - 1 pimenta vermelha - Cheiro-verde - Sal - Pimenta - Azeite.

Modo de preparar — Corte a cabeça da lula, retirando a parte dura. Abra o corpo e retire as entranhas, reservando a tinta. Lave bem, escorra e corte em pedaços. Refogue, no azeite, a cebola picadinha. Coloque ali as lulas, deixando refogar e acrescentando a farinha, o vinho branco seco, sal e pimenta. Deixe cozinhar, em fogo brando, durante 30 minutos. Entretanto, esmague o alho com a pimenta vermelha, a salsa e a tinta. Jogue a mistura na panela, mexendo bem. Deixe cozinhar durante mais cinco minutos.

RINS À ORIENT EXPRESS

Ingredientes — 2 rins - Toucinho defumado - 1 colher grande de manteiga - 1 copinho de vinho do Porto - Salsa picadinha - Suco de limão ou vinagre - Sal.

Modo de preparar — Limpe os rins cuidadosamente, corte em cubinhos e tempere com suco de limão (ou vinagre). Corte o toucinho em pedaços de igual tamanho. Frite os rins e o toucinho, com a margarina, em fogo alto, rapidamente. Retire os pedaços do rim e o toucinho com uma espumadeira. No molho que ficou, acrescente o vinho. Deixe ferver e coloque novamente os rins e o toucinho. Salgue. Acrescente salsa picadinha. Sirva.

GRATINADO DE ABÓBORA

Ingredientes — 1 abóbora - Creme-de-leite - 3 ovos - 1 colher grande de margarina - Farinha de rosca - Leite - Sal - 1 colher pequena de maisena.

Modo de preparar — Descasque e retire as sementes da abóbora. Corte em pedaços e ponha em fogo baixo com água e sal. Uma vez cozida, esmague com um garfo e deixe esfriar. Acrescente a margarina, o creme-de-leite, a maisena dissolvida em leite, as gemas e as claras em ponto de neve. Polvilhe com farinha de rosca e leve ao forno.

COELHO À LA PARISIENNE

Ingredientes — 1 coelho - Toucinho defumado, cortadinho - 3 cenouras - 1 cebola cortada em rodelas - Sal - Pimenta - Cheiro-verde - 1 copo de vinho branco seco.

Modo de preparar — Cubra o fundo de uma panela com toucinho defumado. Salgue e acrescente as cenouras cortadas em rodelas, a cebola, a pimenta e o vinho branco seco. Quando ferver, coloque o coelho cortado em pedaços e cubra com mais toucinho defumado. Cozinhe em fogo baixo até ficar bem macio, passando o molho por peneira antes de servir.

MACARRONADA VERDE

Ingredientes — Massa: 200 g de semolina - 400 g de farinha de trigo - Sal a gosto.
Molho: 400 g de espinafre - Azeite de oliva - Pimenta-do-reino - Sal.

Modo de preparar — Passe na peneira a semolina e a farinha de trigo. Acrescente um copo de água quente e um pouco de sal. Amasse bem e forme um creme macio e consistente. Quando a massa estiver bem trabalhada, corte em pedaços e forme vários cilindros, com a palma da mão (espessura de 2 a 3 cm e comprimento de 30 a 40 cm). Corte os cilindros, em pedaços de 2 cm (cada um). Com uma faca, aperte todo o pedaço, de modo que marque a massa. Com o dedo polegar, aperte a parte interna do pedaço, formando uma "típica orelhinha". Quando o macarrão estiver pronto, cubra com uma toalha e reserve. Lave muito bem o espinafre e leve ao fogo, em uma panela com tampa. Adicione o sal, o azeite de oliva e a pimenta-do-reino. Deixe o espinafre cozinhar, durante 10 minutos. Depois de cozido, escorra e corte. Arrumação do prato: leve ao fogo uma panela com água levemente salgada. Quando a água estiver fervendo, coloque o macarrão e deixe cozinhar por 20 minutos. Tempere o macarrão com o molho de espinafre. Variação: se for possível, tempere o macarrão com 1 dente de alho e 5 filés de anchova, da seguinte maneira: triture o alho e desfie os filés de anchova (que já está salgada). Leve ao fogo uma caçarola com 3 colheres de óleo, o alho triturado e os filés desfiados. Deixe refogar por alguns minutos. Tempere o macarrão com o molho de espinafre e com este refogado. Sirva quente.

RISOTO BARCELONA

Ingredientes — 250 g de camarão (limpo) - 250 g de mariscos - Óleo - Sal - Pimenta-do-reino - 1 dente de alho - 1 cálice de vinho branco - 2 limões - 200 g de arroz - 200 g de azeitonas pretas - 1 pimentão-verde.

Modo de preparar — Descasque e limpe os camarões e reserve. Lave muito bem os mariscos, para retirar a areia. Em duas caçarolas, coloque um pouco de óleo e um dente de alho. Numa delas junte os camarões e o vinho branco, cozinhando durante 5 minutos. Na outra, junte os mariscos e doure por 5 minutos. Junte os camarões com os mariscos e tire do fogo. Em água quente e salgada, cozinhe o arroz por 20 minutos. Quando o arroz estiver cozido, escorra e jogue um pouco de água fria, para que os grãos se soltem. Coloque o arroz em uma travessa, junte os camarões e os mariscos. Misture bem, regue com suco de limão e com um pouco de azeite de oliva. Enfeite com azeitonas e com tirinhas de pimentão.

COQUETEL DE CAMARÃO

Ingredientes — 2 envelopes (200 g) de molho de maionese - 3 colheres grandes de catchup - 1 colherada de molho inglês - 1 colherada de suco de limão - 1 dose de conhaque - 500 g de camarão cozido.

Modo de preparar — Pique os camarões, deixando inteiros os maiores, com casca, para ornamentar. Misture ao molho de maionese e os outros ingredientes e distribua por taças. Enfeite as taças, à volta, com os camarões inteiros. Sirva gelado.

GALINHA DE NANTERRE

Ingredientes — 1 galinha de bom tamanho - 1 alho-porró - 6 cenouras - Manjerona - Cominho - 1 copo de vinho branco seco - 6 tomates - Cravo-da-índia - Suco de uma laranja - Folhas de gelatina - Picles - Uma clara de ovo em ponto de neve - Presunto - Sal - Pimenta - Óleo.

Modo de preparar — Cozinhe a galinha, cortada em pedaços, em água e sal, com os tomates, o cravo-da-índia, as cenouras cortadas em fatias, o alho-porró, a manjerona, o cominho e o louro. Uma vez cozida a galinha, coe o caldo num guardanapo, separe o peito e acrescente o vinho branco e o suco de laranja. Separe o caldo em xícaras (de chá) e para cada uma delas separe duas folhas de gelatina branca. Leve novamente ao fogo, juntando a clara de ovo em ponto de neve, e deixe aferventar. Coe novamente num pano e deixe esfriar. Despeje em formas lisas, untadas com azeite, colocando uma fatia de cenoura no fundo, depois picles, presunto e peito de galinha. Cubra com o molho e deixe na geladeira. Sirva bem gelada.

MANDIOCA DA SERRA

Ingredientes — 2 tabletes de caldo de carne - 1/2 litro de mandioca cozida - 2 gemas de ovo - 1/2 lata de creme de leite.

Modo de preparar — Junte a mandioca, já cozinhada, ao caldo de carne e ferva durante 5 minutos. Passe no liquidificador, acrescentando as gemas de ovo. Ponha novamente no fogo, durante 10 minutos. Na hora de servir, acrescente o creme de leite.

PANELADA DE CORAÇÃO

Ingredientes — 1 coração - 3 cenouras médias - 100 g de toucinho defumado - Sal - Pimenta-do-reino - Cheiros-verdes - 2 colheres grandes de margarina - 1 folha de louro - 1/2 copo de vinho tinto seco - 1 cebola cortada em rodelas - Alho socado - Pimenta-malagueta.

Modo de preparar — Limpe o coração, escorra e recheie todas as partes possíveis com cenouras cruas cortadas em tirinhas após ter introduzido nessas mesmas partes os temperos misturados. Coloque o toucinho defumado e deixe nos temperos indicados em cima durante algumas horas. Retire, a seguir, todos os temperos e frite de todos os lados na gordura bem quente. Refogue também as cenouras restantes. Junte todos os temperos da vinha-d'alhos e diminua o fogo, pingando água até o coração ficar macio. Ponha o coração numa travessa, arrume à volta as cenouras e sirva quentinho.

ALCACHOFRAS NOVO MUNDO

Ingredientes — 6 fundos de alcachofras - 1 lata de aspargos - 200 g de camarão cozido - 100 g de presunto cortado em cubinhos - Alface picadinha - Molho de maionese.

Modo de preparar — Coloque no centro de uma travessa os fundos de alcachofras já cozidos. Cubra com molho de maionese, ponha sobre cada fundo de alcachofra um camarão e, por cima, um pingo de molho de maionese. À volta, arrume as pontas de aspargos, intercaladas com os camarões que sobraram e espalhe por cima o presunto picado. Contornando tudo, arrume a alface picadinha. Tempere a alface com salpicos de molho de maionese.

MATAMBRE SULINO

Ingredientes — 1 matambre grande - 2 cenouras - 1 lata de ervilhas - 1 colher de salsinha - 2 ovos cozidos, picados - 3 colheres de queijo ralado - 150 g de presunto picadinho - Sal - Pimenta-do-reino - Molho de maionese.

Modo de preparar — Estenda o matambre sobre a mesa, retirando as gorduras. Tempere com pimenta-do-reino, sal, cenouras cortadas finas, ervilhas, salsinha picada, queijo ralado, ovos cozidos picados, presunto defumado e pepininhos (em conserva) cortados. Enrole, apertando bem, depois amarre com barbante e ponha para cozinhar na água salgada. Quando estiver meio cozido, retire, deixando escorrer. Depois coloque numa forma e ponha no forno bem quente, deixando até que fique bem dourado. Corte cuidadosamente para não sair o recheio. Tire o barbante e despeje numa travessa. Sirva com molho de maionese ou salada.

LOCRO ANDINO

Ingredientes — 1/2 kg de milho (de lata) escorrido - 200 g de toucinho defumado, fatiado - 1/2 kg de carne de vaca - 2 ou 3 colherinhas de sal - 350 kg de feijão-fradinho, deixando de molho de véspera - 1 cebola.

Modo de preparar — Doure numa panela o toucinho defumado. Acrescente a cebola, cortada fininha, e a carne, em cubinhos. Faça dourar. Acrescente 4 litros de água, o sal e o feijão, cozinhando em fogo lento, meia hora antes de cozinhar o feijão, acrescente o molho. Retire do fogo quando o molho ficar espesso.

CAÇAROLA DE LENTILHAS MEDITERRANÉE

Ingredientes — 750 g de lentilhas - 300 g de toucinho defumado - Vinho tinto seco - 1 morcela - 3 cenouras grandes - 1 cebola inteira com cravos-da-índia espetados - 3 colheres (sopa) de manteiga ou margarina - Sal - Pimenta-do-reino - Salsa.

Modo de preparar — Deixe as lentilhas de molho na véspera. Coloque o vinho e a morcela no liquidificador e bata. Corte o toucinho em quadradinhos e leve ao fogo com metade da manteiga ou margarina. Deixe refogar um pouco e junte as cenouras, a cebola e os temperos. Misture bem tudo, despeje o vinho com a morcela e deixe cozinhar. Para servir, retire a cebola e a salsa e coloque o resto da manteiga ou margarina.

SOPA SIBERIANA

Ingredientes — 500 g de músculo cortado em cubinhos - 1 cenoura - 1 nabo - 1 colher de molho-inglês - 2 colheres de manteiga - 1 cebola cortada em rodelas finas - 100 g de presunto cortado em cubinhos - 2 colheres de farinha - 1 copo de vinho Madeira - 4 gemas de ovo cozido picadinhas - 2 litros de água - Sal - Pimenta - Noz-moscada.

Modo de preparar — Cozinhe o músculo na água com a cenoura, o nabo e o sal. Quando cozido, retire. Derreta a manteiga e frite a cebola. Acrescente o presunto cortadinho e a carne. Refogue tudo e acrescente o caldo em que foi cozinhada a carne. Coloque molho-inglês e tempere com sal, pimenta, vinho e noz-moscada. Cozinhe durante 45 minutos. Separadamente, dissolva a farinha num pouco de caldo e acrescente à sopa cinco minutos antes de servir. No momento de servir, adicione a gema picadinha.

SOPA BÚLGARA

Ingredientes — 4 batatas grandes cortadas em rodelas - 1 molho de alhos-porrós cortados bem finos- 1 aipo pequeno cortado bem fino - 1 cebola - 1 xícara de água - 1 e 1/2 xícara de caldo de carne - 1 xícara de creme - 5 cebolas picadinhas - 2 cenouras pequenas, cozidas e cortadas em rodelas - Sal - Pimenta - Gelo moído.

Modo de preparar — Coloque numa panela as batatas, o alho-porró, o aipo, a cebola e a água. Salgue e apimente e leve ao fogo até ficar tudo bem desmanchado. Nesse momento, junte o caldo e ferva novamente. Passe primeiro por uma peneira grossa e depois por outra fina. Coloque sobre o gelo até ficar bem frio, mexendo sempre. Junte o creme. Sirva em taças de caldo, enfeitando com as cebolinhas e as cenouras e cercando cada taça com gelo moído.

FRANGO EM ESCABECHE

Ingredientes — 1 frango - 1 xícara de azeite de oliva - 1 xícara de vinagre - 1 alho - 2 tomates - 3 cebolas - 4 cenouras médias - Sal - Pimenta - Orégano - 1 folha de louro - 1 colher de pimenta em pó - 1 limão cortado em rodelas para enfeitar.

Modo de preparar — Limpe bem o frango e cozinhe em água e sal com pimenta, uma cebola, o louro, o orégano e o alho. Uma vez cozido, tire do fogo, corte em pedaços e deixe no caldo até o momento de colocar no escabeche preparado com o restante dos ingredientes indicados.

CASSOULET DE FEIJÃO BRANCO

Ingredientes — 1,5 kg de feijão branco - 3 cebolas - 1 vidro de massa de tomate (ou 200 g de tomates) - 6 dentes de alho - 4 colheres (sopa) de farinha de trigo - 10 fatias de toucinho defumado - 10 lingüiças defumadas - 400 g de pernil de carneiro - 500 g de carré de porco - 500 g de pato - 5 fatias de presunto - Cheiro-verde - Sal - Pimenta - Cravo-da-índia - 1 molho de salsa.

Modo de preparar — Cozinhe o feijão branco com a salsinha e a cebola. Cubra o fundo de uma panela com fatias de toucinho defumado. Acrescente o carneiro picadinho com três dentes de alho, o carré de porco, a lingüiça defumada e o pato cortado em pedaços. Desmanche a farinha em 4 conchas do caldo de cozimento do feijão. Acrescente o molho de tomate, o cheiro-verde, o cravo-da-índia, sal e pimenta. Preparação e cozimento: 3h30min.

FILÉ DE PESCADA À VENEZIANA

Ingredientes — 8 filés de pescada - 2 copos de leite - 1 dente de alho - Tomilho - 1 folha de louro - 50 g de queijo ralado - Sal - Pimenta.

Modo de preparar — Coloque o peixe numa forma refratária. Salgue e apimente. Coloque o leite, acrescente o dente de alho, o tomilho e o louro. Ponha no forno quente e deixe cozinhar durante 15 minutos. Retire do forno. Polvilhe com o queijo ralado e torne a colocar no forno para gratinar.

LÍNGUA DE BOI COM PASSA DE UVA

Ingredientes — 1 língua de boi - 1 cebola - 2 cenouras - 3 colheres (sopa) de mostarda - 1 colher (sopa) de vinagre - 1/2 xícara de passas de uva - Cheiro-verde - Sal - Pimenta.

Modo de preparar — Mergulhe a língua durante cinco minutos em água fervente. Retire e passe por água fria. Coloque numa panela com a cebola cortada em rodelas, a cenoura, o cheiro-verde, sal e pimenta. Cubra com água fria. Ponha no fogo e deixe cozinhar durante 2 horas e meia a partir da fervura. Enxugue a língua. Reserve uma xícara de caldo. Retire a pele e corte em fatias. Prepare o molho dissolvendo a mostarda no vinagre. Acrescente a xícara de caldo e as passas de uva. Misture bem tudo. Esquente sem deixar ferver. Sirva a língua morna com o molho quente.

SALADA DE CEBOLA MARROQUINA

Ingredientes — 400 g de cebolas - 3 laranjas - 2 colheres (sopa) de vinagre de vinho - 2 colheres (sopa) de azeite de oliva - 1 pitada de canela em pó - Sal - Pimenta.

Modo de preparar — Descasque a cebola e corte em rodelas finas. Coloque num prato com o vinagre e deixe descansar durante duas horas. Descasque as laranjas e corte em rodelas. Salpique com açúcar. Deixe descansar durante duas horas. Passado esse tempo escorra a cebola e a laranja e conserve o suco que se produziu. Misture à laranja e a cebola. Regue com um molho feito com os sucos obtidos, o óleo, o sal, a pimenta e a canela.

PORCO COM LEGUMES À CHINESA

Ingredientes — 400 g de porco magro cortado em dadinhos - 2 colheres (sopa) de molho de soja - 3 tomates - 3 pimentões verdes - 150 g de champignons - 1 colher (sopa) de gim - 1 colher (sopa) de Maisena - 1 colher (sopa) de óleo - 1 dente de alho - Sal - Pimenta - 1 xícara de caldo de carne.

Modo de preparar — Corte as cebolas, os champignons e os pimentões em fatias e cada tomate em seis pedaços. Aqueça o óleo numa frigideira. Ponha o alho e a carne de porco em fogo forte tomando cuidado para dourar bem a carne. Acrescente o molho de soja e o gim. Deixe cozinhar durante 1 minuto. Junte todos os legumes e deixe cozinhar durante 2 minutos mexendo sem parar. Coloque o sal e pimenta. Junte a xícara de caldo de carne. Cozinhe por mais 2 minutos. Dissolva a maisena em 1/2 xícara de água. Coloque na frigideira e mexa durante 3 minutos até que o molho fique consistente. Sirva logo.

DOURADO AO FORNO

Ingredientes — 1 dourado de 900 g - 50 g de cebola picadinha - 1 copo de vinho branco seco - 1 colher (sopa) de salsa picadinha - 1 limão - 2 tomates - Sal - Pimenta.

Modo de preparar — Limpe o dourado e corte em postas. Coloque numa forma refratária. Salpique com a cebola e a salsa picadinha. Salgue e apimente. Corte o limão e os tomates em rodelas finas. Cubra completamente o peixe. Regue com um copo de vinho branco seco e um copo d'água. Cozinhe em forno quente durante trinta minutos. Sirva bem quente.

CHAMPIGNONS GRAN VÍA

Ingredientes — 1 vidro de cogumelos - 3 fatias de toucinho defumado - 2 tomates - 2 colheres de creme - Queijo parmesão ralado - Ovos - 100 g de manteiga - Sal - Pimenta.

Modo de preparar — Corte os cogumelos em duas metades, de cima para baixo, e o toucinho defumado em fatias finas. Frite na manteiga. Coloque em tigelinhas refratárias individuais, quebre um ovo em cada uma e termine cobrindo com creme e queijo ralado. Asse em forno moderado.

COUVE-DE-BRUXELAS À SIBARITA

Ingredientes — 750 g de couve-de-bruxelas - 500 g de presunto defumado - 1/2 litro de molho bechamel - 1 colher grande de creme de leite.

Modo de preparar — Cozinhe a couve em água e sal até ficar esbranquiçada. Escorra até retirar toda a água. Junte ao presunto cortado em quadradinhos. Coloque no molho bechamel enriquecido com creme de leite.

FAVAS À MODA INDIANA

Ingredientes — 1 e 1/2 xícara de favas cozidas - 1 cebola picadinha - 1 colher grande de curry - 1 colher grande de farinha de trigo - 2 colheres grandes de margarina - 1 colher pequena de sal - 1 colher pequena de suco de limão.

Modo de preparar — Refogue a cebola na margarina. Acrescente o curry, a farinha de trigo, o sal, o suco de limão e a água. Deixe cozinhar por 20 minutos. Junte as favas, mexa bem e sirva quente.

TOMATES À LIBANESA (CHAKCHOUKA)

Ingredientes — 500 g de tomates - 250 g de pimentão verde - 1/2 copo de azeite - 500 g de cebolas - 1 dente de alho - Sal - Pimenta - Noz-moscada ralada - 1/2 dúzia de ovos - Óleo.

Modo de preparar — Coloque o azeite numa panela de barro. Doure ali a cebola picadinha. Junte os tomates cortados em quatro, cozinhando durante 15 minutos. Coloque os pimentões cortados em tirinhas, sem as sementes. Junte sal, pimenta e a noz-moscada. Cozinhe durante uma hora. Ponha a mistura numa forma refratária. Alise com uma colher, faça pequenos buracos e coloque ali os ovos. Leve ao forno quente até as claras ficarem brancas. Sirva.

MEXILHÃO À NAPOLITANA

Ingredientes — 1 kg de mexilhão cozido - 500 g de macarrão chinês (Miojo) - 500 g de tomates - 2 colheres grandes de molho de tomate - 1 colher pequena de açúcar - Sal - Cheiro-verde - Alho - Cebola - Louro - Pimenta - Azeite de oliva - Queijo ralado.

Modo de preparar — Numa panela, refogue a cebola e o alho. Junte os tomates picadinhos, o molho de tomate, o cheiro-verde, o louro, a pimenta e o açúcar. Quando o molho estiver quase pronto, junte os tomates e deixe por dez minutos. Em outra panela, coloque para cozinhar o macarrão chinês de acordo com as instruções do envelope. Arrume numa travessa uma camada de macarrão, uma de queijo ralado e uma de molho, repetindo até terminar tudo. Sirva bem quente.

ABOBRINHA RECHEADA

Ingredientes — 1 xícara de arroz cru - 6 tomates - 6 abobrinhas verdes - 500 g de carne de porco - Sal - Pimenta-do-reino - 3 dentes de alho - Suco de 1 limão.

Modo de preparar — Uma vez lavadas as abobrinhas, retire o recheio, tomando cuidado para não furá-las. Lave-as bem e deixe escorrer toda a água. Pique bem fininho a carne de porco, os tomates e o alho. Lave, escorra e junte o arroz à mistura já picada. Salgue e apimente. Recheie as abobrinhas cuidadosamente, pois o arroz cresce bastante e poderá rachar o legume em que está contido. Coloque as abobrinhas recheadas no fundo de uma panela. Junte uma xícara de água e o suco de limão. Leve ao fogo forte até começar a ferver. Acabe de cozinhar com fogo baixo.

RABADA IMPERIAL

Ingredientes — 1 rabada - 4 colheres grandes de azeite de oliva - Sal - 8 cenouras - 4 cebolas - 1/2 litro de vinho branco seco - Orégano - Louro - Tomilho.

Modo de preparar — Lave cuidadosamente a rabada e corte pelas juntas. Refogue numa panela grande. Quando dourar, retire os pedaços e refogue a cebola picadinha. Coloque novamente a carne e as cenouras cortadas em rodelas. Junte sal, pimenta, orégano, louro e tomilho. Acrescente depois o vinho branco, tampe a panela e deixe cozinhar em fogo baixo durante 3 horas mais ou menos. Sirva com um arroz branco.

PANELADA DE GALINHA

Ingredientes — 1 galinha gorda (1 1/2 kg) - 2 colheres (sopa) manteiga - Sal - Pimenta-do-reino - Limão - Páprica - 2 cebolas pequenas - 1 vidro de cogumelos - 1 xícara de caldo (carne ou galinha) - 1/2 kg de tomates sem peles-1 colher (sopa) de extrato de tomate - creme de leite (1/2 xícara).

Modo de preparar — Coloque a manteiga numa caçarola e deixe tostar um pouco. Junte a galinha cortada em pedaços e temperada com limão, sal e pimenta, dourando-a bem. Acrescente as cebolas, os cogumelos e, em seguida, o caldo, bem como os tomates inteiros, que são esmagados, e finalmente, o extrato de tomate. Junte o creme de leite e sirva.

MEXILHÕES MARINADOS

Ingredientes — 1 kg de mexilhões - 3 copos de vinho branco seco - 3 cenouras cortadas em rodelas - 1 cebola batidinha - Salsa - 1 folha de louro - Sal - Pimenta - Manteiga - Pão torrado, em fatias - Maisena.

Modo de preparar — Retire os mexilhões das conchas, colocando no fogo numa frigideira sem água. Coloque numa panela com o vinho branco, as cenouras cozidas, a cebola, o louro, a salsa, a pimenta, o sal e a manteiga. Leve ao fogo por cinco minutos. Coloque num prato rodeado de fatias pequenas de pão torrado. Passe o molho pela peneira, engrosse com maisena dissolvida em leite e ponha no fogo até engrossar. Despeje sobre os mexilhões e sirva bem quente.

PERNAS DE RÃ À MIRANDOLINA

Ingredientes — 1 dúzia de pernas de rã - Farinha de trigo - Sal - Pimenta-do-reino - Suco de limão - 1/4 de xícara de manteiga ou margarina - 200 g de toucinho defumado - Caldo de galinha - Salsinha.

Modo de preparar — Tempere as pernas de rã, depois de bem limpas, com sal, suco de limão e pimenta-do-reino. Passe em farinha de trigo e doure na gordura do toucinho defumado e a manteiga, juntando o alho bem socado. Acrescente o caldo de galinha, tampe a panela e deixe durante 10 minutos. Sirva quente, salpicando com a salsa picadinha.

GANSO DE STRASSBOURG

Ingredientes — 1 ganso - 2 cenouras - 1 dente de alho - 1 folha de louro - 1/2 kg de pele de toucinho picadinha - 1/2 garrafa de vinagre - Caldo de carne - 2 folhas de papel laminado.

Modo de preparar — Limpe e corte o frango, colocando numa assadeira com a cenoura, a cebola, o alho, a pele de toucinho, o vinagre e o caldo de carne. Coloque o papel laminado em cima do ganso e ponha no forno durante duas horas. Depois de pronto, deixe esfriar o molho e sirva.

LAGOSTA DE FESTA

Ingredientes — 1 lagosta cozida - 1/2 dúzia de ovos cozidos - 1 xícara de maionese - 1 alface picada fininha - Salsinha e aipo picadinhos - 5 folhas de gelatina branca - 1 limão (só o suco) - 3 colheres (sopa) de água fervendo - Sal - Pimenta-do-reino.

Modo de preparar — Dilua a gelatina em água fervente, acrescente a água fria e bata bem. Corte a lagosta em rodelas, misture com a alface, o sal, a pimenta e o molho de maionese. Ponha gelatina numa forma refratária e deixe ficar consistente. Arrume em cima uma camada de lagosta e maionese, coloque mais gelatina, deixe gelar, e continue nessa ordem, terminando com gelatina. Corte os ovos no sentido do comprimento, passe cada metade na gelatina e coloque na geladeira. Vire a forma num prato, enfeite com alface picadinha, azeitonas recheadas e rabanetes. Rodeie com as metades dos ovos cozidos.

MOQUECA DE PEIXE

Ingredientes — 1 kg de peixe - 6 tomates - 3 cebolas grandes - 2 pimentões vermelhos - 1 dente de alho - 1 colher (sopa) de coentro e salsa picadinha - Azeite-de-dendê - Azeite de oliva - Sal - Pimenta - 2 limões.

Modo de preparar — Coloque um pouco de azeite-de-dendê numa frigideira e acrescente as postas de peixe. Coloque aí água, sal, salsinha, coentro, pimenta, os pimentões, o tomate, a cebola e o caldo de limão, misturando cuidadosamente. Ponha mais azeite-de-dendê e de oliva e coloque em fogo brando. Quando levantar fervura, vire as postas de peixe. Para o molho não secar, vá acrescentando água e dendê. Sacuda de tempo em tempo a frigideira para o peixe não grudar no fundo, até ficar dourado. Uma vez pronto, coloque o peixe num prato e retire a pele e as espinhas. Coe o refogado que permaneceu na frigideira para o molho, acrescentando 2 colheres de maisena, 1 colher de azeite-de-dendê e 1 vidro de leite de coco. Misture bem e ponha em fogo brando, mexendo sempre para engrossar. Despeje o molho pronto sobre o peixe e sirva com arroz branco.

PETITE MARMITE

Ingredientes — 300 g de costela de vaca - 200 g de rabada, cortada em pedaços - 300 g de alcatra - 1/2 galinha, com os miúdos - Osso com tutano - 30 g de aipo - 4 alhos porrós, em pedaços (só a parte branca) - 70 g de nabos, cortados em rodelas - 150 g de cenouras, em rodelas - 3 litros de água - Queijo ralado - Pimenta branca - 300 g de cebola, cortada em rodelas.

Modo de preparar — Coloque numa panela a galinha, as carnes e os miúdos e cozinhe de início em fogo alto, até começar a ferver. Abaixe o fogo e retire a espuma, sem que deixe de ferver. Acrescente água fria e torne a retirar a espuma. Depois de duas horas acrescente as verduras, picadinhas, e deixe continuar o cozimento por mais uma hora e meia, mais ou menos. Meia hora antes de retirar do fogo acrescente o osso com tutano. Salgue, apimente, retire os restos de gordura e sirva na mesa, acompanhando com o queijo ralado.

PIPARRADA

Ingredientes — 6 ovos - 6 fatias de presunto defumado - 600 g de tomate - 6 pimentões verdes - 2 cebolas - 1 xícara de miolo de pão embebido em leite - 60 g de toucinho - Sal - Pimenta - Óleo.

Modo de preparar — Derreta, numa frigideira com óleo, o toucinho. Acrescente o tomate descascado e cortado em cubos, assim como os pimentões, sem as sementes. Doure em outra frigideira a cebola, acrescentando depois os tomates e os pimentões. Mantenha tudo em fogo lento por 20 minutos. Salgue e apimente. Bata os ovos, acrescentando o miolo de pão escorrido. Misture tudo cuidadosamente e afaste a frigideira do fogo. Continue mexendo a mistura já fora do fogo. Deposite numa travessa previamente aquecida. Doure as fatias de presunto e cubra a travessa com elas. Sirva.

CANUDINHOS DE YORKSHIRE

Ingredientes — Presunto defumado, em fatias - Ervilhas em lata - Manteiga - Alho - Cebolinha verde - Queijo parmesão ralado.

Modo de preparar — Coloque nas fatias (grandes) de presunto defumado, algumas ervilhas já refogadas na manteiga. Enrole cada fatia e arrume numa travessa. Faça um molho com manteiga, o alho socado, cebolinha verde picada, água e queijo parmesão ralado. Despeje este molho sobre os canudos. Sirva.

PUDIM DE SALMÃO À INGMAR BERGMAN

Ingredientes — 1/2 kg de batatas, pesadas depois de descascadas - 50 g de manteiga - 1 latinha de salmão em conserva - 6 ovos.
Molho branco: 1 colher de manteiga - 1/2 litro de leite - Sal - Pimenta-do-reino, noz-moscada.
Outros ingredientes — 1/2 kg de vagens - 50 g de manteiga - 2 ovos cozidos - Farinha de rosca.

Modo de preparar — Cozinhe as batatas descascadas em água fervente e sal. Uma vez cozidas, escorra e passe pelo espremedor. Acrescente o salmão sem espinhas e bem amassado, a manteiga, 4 ovos e tempere com sal e pimenta. Coloque metade da mistura numa forma para pudim previamente untada com manteiga e polvilhada com farinha de rosca, coloque em cima disso os dois ovos, procurando que fiquem inteiros, e acabe de encher com o resto da preparação. Cozinhe em banho-maria, no forno. Limpe as vagens, cozinhe em água fervendo e sal. Uma vez cozidas, esfrie e escorra, doure na manteiga e mantenha aquecidas. Com os ingredientes indicados, prepare um molho branco. Uma vez pronto o pudim, tire da forma e coloque numa travessa, cubra com o molho branco, rodeie com as vagens douradas e enfeite com os ovos cozidos cortados em rodelas.

GAROUPA NO MOLHO VERDE

Ingredientes — 1 kg de garoupa - 1 cabeça de alho - Óleo - 1 lata de aspargos - 2 latas de ervilhas - Salsinha.

Modo de preparar —Ponha numa panela de barro uma cabeça de alho cortado miudinho, óleo e 2 colheres de salsa picadinha. Depois de tudo bem frito, acrescente as fatias de garoupa temperada com sal, de uma altura de 1 1/2 cm, colocando em fogo regular e juntando duas pequenas colheres de água até conseguir um molho espesso e verde. Na metade do cozimento, vire as postas de garoupa, tomando cuidado para que o molho cubra sempre o peixe. Antes de servir, acrescente o aspargo e as ervilhas. Sirva na própria panela.

DOBRADA À NAVARRINA

Ingredientes — 2 kg de dobradinha - 2 alhos-porrós - 1/2 kg de costela de porco - 1/2 kg de alcatre - 5 cenouras - 1 folha de louro - 1 cabeça de alho - 5 cebolas - 2 cravos-da-índia - Sal - 100 g de toucinho defumado - 100 g de presunto - 300 g de lingüiça - 8 pimentões - 1 colher de farinha - Pimenta preta.

Modo de preparar — Limpe bem a dobradinha e ponha para cozinhar com a costela de porco, o alcatre cortado em cubos, 2 cenouras em rodelas, 1 folha de louro, uma cabeça de alho cortado fininho, 3 cebolas em rodelas, 2 cravos-da-índia e sal. Querendo, use panela de pressão.
Molho: Corte em cubinhos e coloque na frigideira, com óleo bem quente o toucinho, o presunto e a lingüiça. Quando refogados, reserve num prato, colocando na frigideira duas cebolas e três cenouras picadinhas, deixando dourar lentamente e acrescentando aos poucos umas colheradas de molho de tomate, uma de farinha, os oito pimentões picadinhos e um pouco de pimenta preta. Escorra a água da dobrada, passe o molho no liquidificador e nele deixe cozinhar a dobrada por mais 30 minutos. Acrescente os ingredientes retirados da frigideira e apimente.

CABRITO DA SARDENHA

Ingredientes — 1 kg de carne de cabrito - 4 xícaras de arroz - 3 cebolas (cortadas em rodelas) - 1 dente de alho - Sal - Pimenta - Cravo-da-índia, em pó - Margarina - Toucinho defumado, cortado em tiras.

Modo de preparar — Corte a carne em pedaços pequenos. Refogue, na margarina, o toucinho, o alho socado, a cebola, o sal, a pimenta e o cravo-da-índia. Quando dourar, acrescente a carne e faça dourar também. Depois, retire a carne, quando cozida, coe o molho, coloque água e, quando ferver, junte o arroz. Quando ficar quase seco, acrescente o cabrito, deixe secar e sirva.

PRESUNTO À CALIFÓRNIA

Ingredientes — 1 presunto tipo Tender - 1 cálice de gim - 1 lata de melado - Cravo-da-índia - 2 abacaxis em rodelas - 1 lata de pêssego em calda - 1 lata de figos em compota - Ameixas pretas.

Modo de preparar — Retire a pele e o excesso de gordura do presunto. Corte em cubos e coloque por cima um cálice (ou mais) de gim e bastante melado. Ponha para assar sobre a própria gordura, junte com as rodelas de abacaxi, e deixe durante uma hora, regando sempre com o próprio molho. Sirva.

PORCO DA TRANSILVÂNIA

Ingredientes — 2 kg de carne de porco magra - Vinha-d'alhos - 1 cebola grande cortada em rodelas - 10 tomates - Cheiro-verde - Margarina.

Modo de preparar — Lave bem a carne, fure com um garfo, escorra a água e ponha de véspera na vinha-d'alhos. Leve ao fogo e deixe dourar bem na margarina. Quando dourar, junte a vinha-d'alhos e acrescente água, aos poucos, até ficar macio. Junte a cebola, cortada em rodelas, os tomates, em pedaços, e o cheiro-verde picadinho. Sirva quente.

MENESTRA DE FAVAS

Ingredientes — 6 kg de favas frescas - 1/2 kg de feijão branco - 1 cebola - 200 g de toucinho defumado - 100 g de presunto - 2 lingüiças - 1 morcela grande - 150 g de lombo defumado.

Modo de preparar — Descasque as favas e ponha o feijão de molho (de véspera). Corte em fatias finas a cebola e o toucinho. Coloque óleo numa panela de barro. Com o óleo já quente, coloque a cebola e o toucinho. Estando a cebola dourada, junte o feijão branco e, a seguir, as favas, com água suficiente. Se as favas forem novas, basta uma hora de cozimento. Mexa constantemente com uma colher de pau. À parte, ponha a cozinhar, com água, a lingüiça e a morcela. Deixe cozinhar por 20 minutos. Frite o lombo defumado, cortado em pedaços. Na hora de servir, cubra as favas com os pedaços de lingüiça, morcela, lombo e presunto.

ARROZ À GACHUCHA

Ingredientes — 500 g de arroz - 1 lingüiça - 100 g de toucinho defumado - 150 g de azeitonas verdes - 400 g de pimentão - 1 kg de tomates frescos - 3 ou 4 cebolas - Azeite.

Modo de preparar — Lave o arroz e escorra. Ponha em fogo baixo, com oito colheres de azeite, a cebola picadinha, até dourar. Misture o arroz e a cebola, mexendo sempre para o arroz ficar impregnado. Acrescente o tomate picadinho (ou molho de tomate pronto). Cubra com água quente. Salgue e apimente. Coloque a lingüiça, cortada em rodelas, e as azeitonas, sem caroço. Tampe e deixe cozinhar. Unte uma forma com manteiga e coloque no fundo, simetricamente, azeitonas, lingüiça e toucinho previamente passado pela frigideira. Termine de encher a forma com arroz e vire sobre uma bandeja quente, colocando os pimentões fritos no azeite, no centro da travessa.

BIFES NEUCHÂTEL

Ingredientes — 1 kg de carne cortada em bifes - 1 cebola - 2 xícaras de água - 1/2 xícara de massa de tomate - 1 colher pequena de sal - 1 pitada de pimenta-do-reino - 2 colheres grandes de margarina - 1 pimentão-verde picadinho - 1/2 xícara de farinha de trigo.

Modo de preparar — Misture o sal, a pimenta e a farinha de trigo. Espalhe na carne. Refogue os bifes na margarina quente numa panela grande. Acrescente a cebola, o pimentão, a água e a massa de tomate. Cubra e deixe ferver devagarinho até amaciar. Enfeite com tomates assados.

PICADINHO TLATELOLCO

Ingredientes — Carne de sopa cortada em tirinhas - 2 colheres grandes de manteiga - 1 colher grande de farinha de trigo - 1 cebola - 4 tomates - 2 pimentões - Farinha de mandioca - Caldo da carne.

Modo de preparar — Refogue a carne e a farinha de trigo. Quando dourar, acrescente os temperos. Tampe e cozinhe em fogo brando até os temperos desmancharem. Com a água em que foi cozida a carne faça um pirão de farinha de mandioca. Coloque o pirão no centro de um prato e arrume a carne à volta.

ALCATRA NO LEITE

Ingredientes — 2 kg de alcatra - 1 litro de leite - Sal - Pimenta-do-reino - Louro - Cebola - Cheiro-verde - Açúcar - Margarina.

Modo de preparar — Tempere a carne de véspera, retire todos os temperos e refogue na margarina bem quente. Quando dourada, junte 1 litro de leite para cada dois quilos de carne. Tampe a panela e deixe em fogo brando. Preste atenção para quando acabar o leite, pois a carne poderá não estar bem macia e será preciso colocar mais leite até cozinhar bem. Quando pronto, acrescente um pouquinho de água fervente e raspe o fundo da panela. Obterá um molho delicioso. *Sugestão:* A alcatra poderá ser substituída por carne de porco. Sirva com purê de batatas.

PAELLA VALENCIANA

Ingredientes — 300 g de arroz - 100 g de presunto - 3/4 kg de frango - 300 g de camarões - 2 lagostas - 250 g de mariscos - 300 g de lingüiça - 2 latas de ervilhas - 2 dúzias de azeitonas - 3 pimentões vermelhos - 1 cebola - Açafrão - Azeite de oliva - Sal - Pimenta.

Modo de preparar — No óleo fervendo, jogue na panela, ao mesmo tempo, o arroz, a lingüiça cortada em rodelas, a cebola picadinha e três colherinhas (café) de açafrão. Coloque por cima, simetricamente, o frango, azeitonas, o camarão, o presunto cortado em cubos, as lagostas, os mariscos, o pimentão cortado em tirinhas e as ervilhas. Salgue, apimente e acrescente água. Deixe cozinhar em fogo moderado durante 20 minutos. Quando pronto, polvilhe com salsa picadinha e leve à mesa no recipiente em que foi cozinhado.

FRANGO À MODA BASCA

Ingredientes — 1 frango - 3 tomates - 6 pimentões verdes - 100 g de presunto - 1 vidro de cogumelos - 1 decilitro de vinho branco seco - pimentões vermelhos - Salsa - Sal - Pimenta.

Modo de preparar — Corte o frango em quatro partes e corte cada quarto em duas metades. Coloque sal e pimenta e doure o frango numa frigideira, acrescentando os tomates sem a casca, os pimentões, cortadinhos em tiras e sem as sementes, os cogumelos e o presunto cortado em cubinhos. Coloque o vinho branco e leve ao fogo durante 25 a 30 minutos. Pronto, coloque o frango numa travessa, deixe reduzir o molho, verifique o tempero e despeje sobre os pedaços de frango. Polvilhe com salsa picadinha e enfeite com as tirinhas de pimentão.

FRANGO AO VINHO TINTO (COQ AU VIN)

Ingredientes — 1 frango grande de 1,5 kg (cortado em dez pedaços) - 1 litro de vinho tinto seco - 100 g de toucinho magro - 100 g de lombo defumado - 20 cebolinhas - 250 g de cogumelos - 1 folha de louro - Tomilho - Salsa - Orégano - Noz-moscada ralada - 1 dente de alho - 2 colheres de açúcar - 100 g de manteiga ou margarina - 4 colheres de óleo de amendoim - 2 copinhos de conhaque - Salsinha - Cebolinha - Estragão - 1 pão de 250 g.

Modo de preparar — Esquente o óleo numa panela. Acrescente 50 g de manteiga. Corte o toucinho em cubinhos e ponha na panela. Quando os cubinhos ficarem transparentes e dourados, retire com a espumadeira e conserve num prato. Doure as cebolinhas muito lentamente, virando com a espumadeira. Quando ficarem douradas, retire e reserve junto com o toucinho. Na gordura restante, doure os pedaços de frango. Quando estiverem no ponto, acrescente um copinho de conhaque, flambe e deixe de lado numa forma refratária. Numa caçarola esmaltada, jogue o vinho e aqueça. Acrescente o açúcar, o cheiro-verde, alho e uma ponta de noz-moscada ralada. Na panela, despeje agora, no molho do frango, a colherada de farinha. Faça-a dourar durante um minuto e acrescente aos poucos o vinho morno da caçarola. Afervente e reponha os pedaços de frango, sal e pimenta. Tampe a panela e deixe cozinhar em fogo baixo durante 1 hora. Corte a base dos cogumelos, lave e coloque na panela depois de 1 hora de cozimento, ao mesmo tempo que as cebolinhas e o toucinho, depois apague o fogo. No momento de servir, retire a gordura e junte o outro copinho de conhaque. Salpique com salsa e cebolinha. Sirva numa travessa rodeado de fatias de pão torrado com manteiga.

FRANGO AO MOLHO PARDO

Ingredientes — 1 frango (com o sangue) - Cheiro-verde - Tomilho - Orégano - 1/2 xícara de vinagre - Margarina.

Modo de preparar — Mate o frango cortando o pescoço e aparando o sangue numa vasilha com vinagre. Ponha o sangue de lado. Limpe o frango e corte pelas juntas. Tempere e deixe descansar durante duas horas. Refogue o frango na margarina, junte a vinha-d'alhos em que ficou, acrescentando água aos poucos, se for preciso. Quando bem macio, junte o sangue, previamente misturado com um pouco do molho. Deixe engrossar e sirva, acompanhando com ervilhas e cenoura picadinha (pode ser de lata).

VATAPÁ

Ingredientes — 220 g de castanha-de-caju torrada - 300 g de amendoim torrado, sem casca - 1 kg de peixe (pode ser garoupa) - 300 g de camarão seco - 1 coco - 300 g de farinha de mandioca - 1 xícara de azeite-de-dendê - 100 g de carne seca, frita e picadinha - Cheiro-verde - Coentro - Pimenta - Louro - Pimenta-do-reino - Alho - Cebola - Sal - Toucinho defumado.

Modo de preparar — Rale o coco e retire o leite, colocando água quente para obter mais líquido. Triture, juntos, o amendoim, a carne seca, o camarão, a castanha-de-caju, a pimenta-do-reino, o alho e a farinha, até obter uma substância pastosa. Acrescente o leite de coco, formando um mingau fino. Ponha no fogo, cozinhando durante 1 hora. Entretanto, refogue o toucinho picadinho, a salsinha e coentro, colocando ali o peixe, em pedaços. Junte o mingau e o refogado, acrescentando o azeite-de-dendê e o leite de coco e mantenha no fogo durante mais 5 minutos. Sirva com arroz.

ACELGA À SIBERIANA

Ingredientes — 2 molhos de acelga - 1 cebola picada - 1/2 xícara de creme de leite - 1 tomate - Salsa picadinha - Manteiga - Sal.

Modo de preparar — Lave e pique bem a acelga, refogando, na manteiga, com a cebola picadinha. Deixe cozinhar durante vinte minutos, com a panela bem tampada. Acrescente o tomate cortado em rodelas, o sal, o creme de leite e a salsa picadinha. Sirva.

GALINHA KENTUCKY

Ingredientes — 2 xícaras de galinha cozida e picadinha - 1 pimentão sem sementes, cortadinho - 2 colheres grandes de vinho branco seco - 1 vidro de champignons - 2 xícaras de molho branco - 2 gemas de ovo.

Modo de preparar — Uma vez pronto o molho branco, acrescente a galinha, o champignon e o pimentão, deixando por alguns minutos no fogo. Na hora de servir, junte o vinho e as gemas batidas, deixando esquentar novamente. Não deixe ferver depois de colocar as gemas.

POMBOS À IMPERADOR

Ingredientes — 2 pombos - 3 cebolas - 4 colheres de margarina - Sal - Pimenta-do-reino - Maisena.

Modo de preparar — Core os pombos na manteiga de todos os lados. Salgue e apimente acrescentando, aos poucos, água fervendo. Depois de meia hora, acrescente a cebola e deixe em fogo brando até amaciar. Misture a maisena, deixe engrossar e sirva.

ASPARGOS PRIMAVERA

Ingredientes — 1 lata de aspargos - Molho branco - 100 g de queijo ralado - 100 g de farinha de rosca - Sal.

Modo de preparar — Escorra a água dos aspargos. Coloque numa forma refratária uma camada de aspargos, outra de molho branco e outra de queijo, repetindo a operação até acabar com molho branco. Polvilhe com queijo ralado e farinha de rosca, levando ao forno até dourar.

BATATAS HELSINQUE

Ingredientes — 1 kg de batatas - 3 cebolas grandes - 2 colheres grandes de margarina - 1/2 litro de leite - Sal - Pimenta-do-reino - 50 g de queijo ralado - Alecrim - 3 ovos batidos (clara e gema juntas).

Modo de preparar — Descasque a batata e corte em rodelas finas. Proceda da mesma forma com a cebola. Unte com margarina uma forma refratária. Disponha na forma as batatas e as cebolas em camadas alternadas, temperando cada camada com sal, pimenta-do-reino, alecrim e queijo ralado. A camada superior será de batata e queijo. Despeje por cima de tudo o leite morno e os ovos batidos. Coloque finalmente o resto da margarina e o queijo ralado e asse em forno moderado até que as batatas estejam cozidas.

BRÓCOLOS AO FRÈRE-JACQUES

Ingredientes — 1 molho de brócolos - 1 cebola - Pimenta-do-reino - Alho socado - Óleo - Orégano - Salsa - Sal.

Modo de preparar — Separe as folhas amarelas e os talos duros dos brócolos. Cozinhe em água salgada. Refogue no óleo com o alho socado, a cebola cortada picadinha, o orégano, a salsinha picada e a pimenta-do-reino. Deixe no fogo até tomar gosto.

PURÊ DE ESPINAFRE

Ingredientes — 1 kg de espinafre - 1 colher grande de margarina - Sal - 1 ovo - 1/2 xícara de leite - Farinha de rosca - 2 colheres grandes de queijo ralado.

Modo de preparar — [illegible]ve cuidadosamente o espinafre e leve ao fogo baixo numa panela tampad[illegible] sem água. A água que o espinafre desprende é suficiente para cozinhar. Escorra, bata com uma faca e refogue na margarina. Acrescente o queijo, o sal, a gema batida, o leite e, finalmente, a clara batida em ponto de neve. Coloque numa forma refratária untada com óleo. Polvilhe com farinha de rosca e cozinhe em banho-maria durante quarenta minutos. Retire e sirva quente acompanhando carnes.

CONSELHOS ÚTEIS

Duração do cozimento do ovo. Coloca-se o ovo para cozinhar e, assim que levantar fervura, contam-se 5 minutos exatos e estará completamente cozido.

Modo fácil de abrir as ostras. Depois de bem lavadas, jogam-se as ostras em água fervendo. Imediatamente se abrem. Querendo aproveitar parte da água das mesmas para o recheio, coloque as ostras num caldeirão com água.

Modo de preparar as alcachofras para serem recheadas. Cortam-se os cabos das alcachofras. Retiram-se também as folhas de baixo, por serem amargosas. Lavam-se muito bem e cozinham-se em água e sal. Sabe-se que estão cozidas quando, ao puxar uma folhinha, ela se destaca com facilidade.

Modo de preparar os pimentões para serem recheados. Abrem-se pela haste, cortando-se uma rodela e guardando-se a mesma para novamente ser colocada no mesmo lugar depois dos pimentões cheios, prendendo-se a mesma com palito.

Para amolecer a carne dura. Basta verter, na água em que se vai cozer, uma colherinha de bom vinagre.

Para aproveitar o pão amanhecido. Molha-se bem a mão e passa-se no pão. Leva-se ao forno. Conhece-se que está pronto quando tornar-se quebradiço.

Para evitar que as claras deixem de crescer. Nunca se deve bater claras num prato que não esteja bem enxuto, caso contrário as mesmas deixam de crescer.

Para separar a clara da gema com facilidade. Fazer dois orifícios no ovo, um em cima e outro embaixo. A clara sai por um dos orifícios, ficando a gema intata dentro da casca.

Para tirar o cheiro desagradável de certos legumes durante o cozimento. É suficiente colocar no recipiente em que estão sendo cozidos um pedaço razoável de casca de pão, ou pão torrado envolvido num pano, para não dissolver.

Para evitar que o ovo arrebente enquanto cozinha. Muitas vezes isso não é possível pois o ovo vem já trincado imperceptivelmente, o que ocasiona abrir-se durante o cozimento. Não havendo esse inconveniente, o modo mais fácil de evitá-lo é, sempre que se vai cozer um ovo, colocar primeira água na panela e, depois, colocar o ovo com cuidado para que não bata no fundo da mesma.

Modo de tirar os fios das vagens. A maior parte das pessoas tira os fios das vagens pegando nas pontas das mesmas com uma faca e puxando. Mas uma boa parte das vezes, o fio arrebenta, motivo pelo qual, ao comê-las, encontram-se sempre alguns fios. O modo certo é cortar as beiradas com uma faca (bem afiada para evitar desperdício das vagens).

Manteiga rançosa. Para tirar-se o ranço da manteiga faz-se o seguinte: Coloca-se a manteiga numa tigela com água e bicarbonato. Deixa-se ficar assim durante três horas. Ao fim desse tempo lava-se a manteiga e coloca-se sal. Para um quilo de manteiga, colocam-se na água 15 gramas de bicarbonato.

Modo prático de cortar um bolo para ser recheado. Toma-se um barbante bem resistente, coloca-se à volta do bolo na altura que se deseje cortar, acerta-se para que fique uniforme e dá-se uma laçada. Puxa-se o barbante até fazer o nó e está cortado o bolo.